# テレフォン人生相談

## ―心のマスクを忘れるな―

加藤諦三

# 目次

# はしがき

私はニッポン放送「テレフォン人生相談」というラジオ番組の回答者・パーソナリティを半世紀以上続けています。

いろいろな記者たちがインタビュー取材に来ますが、最初の質問は皆さん同じです。

「『テレフォン人生相談』に長く携わっていらっしゃいますが、50年前の相談と最近の相談は違いますか？　どのように違うのかを教えてください」

大抵のインタビューがそのような問いかけから始まります。

しかし、私は、期待に反して、

「かかってくる電話の悩みは、本質的に半世紀の間変わっていません」

と毎回答えています。半世紀というより、人間の悩みは旧約聖書以来、いえ、ギリシャ神話の時代から今現在まで少しも変わっていないと私は確信しています。

人類の悩みは、人類が洞穴の中で住み始めた時代から変わっていないといっても過言ではないでしょう。

今から100年以上前にジョージ・L・ウォルトン（注1）という人が「Why worry?」という本を書いています。

そこに書かれている言葉がとても興味深いのです。それは、キリスト生誕の300年も前にエピクロスが語った言葉で、キリストが生まれたときでさえ、すでに遠い過去に語られた言葉なのです。

7歳のとき、エピクロスは爪先立ちができず、自分ほど弱い子供はいないと思っていたそうです。少年時代には、自力で椅子から下りることができませんでした。眩しすぎる太陽や炎を見ることもできなかったそうです。さらに皮膚が非常に弱く、皮膚をこすることがないよう、簡素な洋服しか身につけることができなかった、とも言われています。

そんなふうに弱い子供であったから、彼はことあるごとに胸をざわつかせ、周囲に向けて大騒ぎをし、何かにつけくよくよしてしまっていたのでした。

そう自分を分析した彼は、一念発起しました。次に述べる自分の哲学を実践することで、このような性癖から解放されたというのです。

さて、彼の哲学とはどんなものだったのでしょうか。それはとてもシンプルでした。

「すべての悩みがなくなるような力を求めてはいけない」

そう、何かにつけて弱い自分をいっぺんに強くするような、そんな力はないのだ、それを求めてはいけない。自分の弱さを受け入れる――そのことに彼は思い至ったわけです。

こうして、エピクロスの時代から、何千年も説かれてきているにもかかわらず、今もまだ人々はこの言葉「すべての悩みがなくなるような力を求めてはいけない」というシンプルな定石を実現できずにいます。

紀元前、使徒パウロは、「前向きのこと、楽しいことを考えよう」と言っています。しかし、人類はそれをなかなか実践できずにいます。何千年を経ても、人は人に隠された敵意を持って右往左往しています。隠された敵意を持つ人は決して前向きになれませんし、生産的になれません。何かを成し遂げていく力を持つことができないのです。

「テレフォン人生相談」は、千年たっても、2千年たっても変わることができない「人間の心のあり方」を考えるラジオ番組です。そしてそれを通して「人は生き方によって、本当に幸せになれるのか？」という人類にとって不可避的な課題に挑戦するラジオ番組です。

自分に正直が最善の生き方と説いたフロイトでさえも、ニコチン依存症に苦しみました。

人は誰でも苦しむ。誰でも悩む。

自分は、なぜこんなに悩むのか？　この「なぜ？」を考えるのが「テレフォン人生相談」であり、そこから幸運がやって来ます。

1990年の秋、ハーヴァード大学の図書館で1917年出版の古い本『白人はインディアンから何を学んだらいいか』を見つけました。（注2）

著者はジョージ・オートン・ジェームスという心理学者で、26年にわたってアメリカ・インディアンと生活を共にした人です。

この本には、起きたことを誰も変えることはできないとあります。原文は、「Nothing can alter it.」。この「it」とは起きてしまったことのことです。本当にその通り。起きてしまったことは変えられません。

でもそれを未来に向かってプラスにする人とマイナスにする人がいます。どうすればプラスになるかを皆で考えるのが「テレフォン人生相談」なのです。さらにこの本には、人生には極めて不愉快なことが起きるのはどうすることもできないとあります。

その通りです。

しかし失敗することは単なる一つの体験です。失敗を認めないと人生が傾いていきます。

偉大な人とは、過ちを犯さない人ではなく、過ちを犯しても、これを認める人なのです。心理学は部屋に明かりをつけて「出口はここですよ」と教えること、とアドラーは言っています。（注3）

この言葉の中にある「心理学」を「テレフォン人生相談」に変えればそのまま「テレフォン人生相談」の説明になります。まさに「テレフォン人生相談」は「出口はここですよ」と相談者に教える番組なのです。そして、あなたが気づいていないあなたの「本当の心」を明らかにします。

悩みは「常に自分が認めたくないものが焦点」になっている、とジョージ・ウェインバーグは見事な主張をしています。悩める全ての人は、幸せになることを自ら拒否してしまっている、とも言えます。

あなたが認めたくないものは何ですか？　それを認めれば道は拓けます。

あなたが自分で自分を傷つけたのです。他人にはあなたを傷つける力はありません。

相談者は本心を言いません。意識的に嘘をついているわけではないのですが、自分の本心に自分では気がついていないのです。内側の心と外側の身体のバランスが壊れている——それが50年変わらぬ悩みの法則ですから、その「悩みに隠された真の動機」、真の原因と症状を探り当てるのが、回答者の使命です。

ですから、本書では、なぜ人は自ら幸せになることを拒否して悩むのか、その部分を掘り下げて述懐しようと思います。

注1：George Lincoln Walton

注2：『The Indians' Secrets Of Health or What the White Race May Learn from the Indian』George Wharton James, The Radiant Life Press, 1917.

注3：Hertha Orgler, Alfred Adler, Sigwick and Jackson, 1963, 132p.

# 1章

# なぜ、あなたは悩んでいるのか、を知ること

「高校生のころから、死ぬのが怖くて怖くてたまらなくなり、考えると吐き気までするようになってしまいました」と言う20代の男性からの相談がありました。

この方はお母さんが外国人で、小学校時代は「おまえはハーフだから」と辛いいじめを経験したそうです。

「小学生のころは死ぬことは全然怖くありませんでした。いっそ死んでしまいたいと思っていたほどです」と本人は言っています。お母さんが外国人ということで、死ぬほど辛いときがあった。それだけにお母さんとの絆は大変強かったようです。

多くの人は母親固着から抜け出して、やがて自立し、大人になりますが、いじめられていた彼にとってお母さんは唯一の強い味方であり、母という立場の絶対的な最愛の人であり、強い母親固着があることは確かです。

彼は高校生のときに母親固着から抜け出そうとします。無意識では母を憎もう、嫌って成長しようとする。その憎しみを母親に向けるのが怖くて敵意を自分に向けて死ぬのが怖くなったのです。

私は彼に「原因は母親です。母親固着から抜け出そうとして最愛の人に対する最大の憎しみがあなたの中に生まれた」と説明しましたが、彼は最愛なのになぜ憎しみが生まれるのか理解できません。

なぜ、最愛の人に対して最大の憎しみを抱くのか。フロイトが「人間は常に苦しみたがる」と言うが、人間は「私、楽しい」と言ってしまう。

人間は意識と無意識が違うのです。

なぜ、「テレフォン人生相談」は半世紀以上も続いてきたのか。それは、人間は自分の心がわからないからなのです。

つまり、あなたの母親は最愛の人です。「最愛の人に対する最大の憎しみ」、これが人間の矛盾だと説明し、母親から自立することを勧めました。

「最愛の人に対する最大の憎しみを乗り越えて最愛の人になる」。本当に自立したときに人間はその矛盾を克服できるのです。

その矛盾を乗り越えるために成熟していくのです。

死は老いじゃなく成熟ですから、人生の課題を乗り越えていけば喜んで満ち足りてあの世に行けます。

秋になったら葉は精一杯紅葉して散っていくのです。満足して。春になると若葉になって出てくるのです。ところが、精一杯秋に咲かなかった人は散るのが怖いんです。

精一杯生きれば満足して死んでいけるのです。

あなたは、人生の課題を乗り越えていけば、母親固着から抜け出し死ぬのが怖くなくなります。そのことを伝えると彼は腑に落ちたように「わかりました」と返事をしました。

「テレフォン人生相談」を続けていると、悩みの根本にある本当の原因に気づいていない人がたくさんいることがわかります。

ある人を嫌いなのに、尊敬していると思い込んでいる人。心の底の本人も意識できていない領域では「顔を見るのもヤダ、言葉を交わすのもヤダ、とにかくヤダ」と、とことん嫌っているのに、意識の領域では尊敬していると思い込んでいるのです。

とくに深刻な劣等感を持っている人にこの傾向があります。相手が社会的地位を持ち、権威ある人であったりすると、尊敬の念を抱いてしまうのです。心の底では嫌い抜いている、などとは微塵も思わないのです。

自分にとって「重要な他者」、例えば親のような立場の人のことを心の底の無意識で憎んでいる場合は、その相手を憎んでいることになかなか気づくことができません。憎んでしまったら独りぼっちになってしまいます。孤独になってしまうのが怖いから、憎むことを無意識で避けているのです。

ことに子供時代は一人では生きていけませんから、それはしかたないことかもしれません。

子供時代、家に自分の居場所がなくて、家が嫌いだったとしても、そこがまるで天国のように居心地のいい場所として認識して生きてきた人もいました。親の力で押さえ込まれてしまう子供はたくさんいます。

そんな子供は大人になっても依存心から抜け出せないことがあります。「大人になった幼児」という言葉があるように、社会的には大人なのに、心理的にはまだ幼児なのです。そういう人は、なかなか一人で立って生きる決心がつきません。

しかし大人であればいろいろなことがわかってきて、怒りの感情や憎しみも湧き起こります。そんなとき、それをどう処理するかということが問題です。いっそ、その原因となった相手を憎むことができれば楽になるのかもしれません。しかし、相手を憎むことができない人の場合は、そのどうしようもない感情の行き場がありません。そしてそのことが、自分への抑圧になってくるのです。抑圧とは、自分の思いや欲望が意識に上る以前に心から追い出し、心の葛藤を最初から避ける行為であり、自分に向き合うことを放棄する行為です。しかし、その思いや欲望は消えることはなく、無意識下に存在しています。ですから抑圧された状態は、自分に対して心を閉ざしている状態のことであり、当然、他人に対しても心を閉ざさざるを得なくなります。それでその人はどうしようもない孤独に突き落とされます。

## 不登校の女生徒の話

「なぜか学校に行くと熱が出る、お腹が痛くなる。でも学校は嫌いではない。行きたくないわけではないんです」という相談がありました。ある私立学校に通っている女生徒でした。

どんな理由があるのかはわかりません。しかし、学校には行くべきだと思っているから、行きたくないという気持ちを抑圧してしまっていました。

無理強いはできないので、母親は早退を許します。いっそのこと叱ってくれればいいのかもしれませんが、ただ具合が悪くなるだけ、学校に行きたくないわけでない、ということで、理由がわからず叱れません。本人は感情の持って行き場がなくなり、帰宅してからもどうしようもなくイライラします。周囲は腫れ物に触るように接するようになります。こうして抑圧している人は孤立していくわけです。

## 虐待されて育っても…

母親に虐待されて育ったある女性から相談がありました。彼女はいつも憂鬱で、イライラしてしまう自分を持て余していました。

ある日母親が病気になり、心の底の無意識では「こんな母親は死んでもいい」と思っているはずなのです。しかし彼女は「母には元気になってもらいたい。私を虐待したお母さんの気持はわかるから」と言います。

彼女は無意識の底では、父親のこともまったく好きになれませんでした。両親を含めて彼女の周囲の人は皆怠け者で、彼女だけが生活のために必死になって働いていました。

どうしてそんなことになるのかというと、彼女はどうしても人の言うことに逆らえない性格だからなのです。

彼女は父親と母親が喧嘩するのを見て、「やめてくれ」と泣いたと言います。彼女の場合、泣くことは、実は非常に怒っていることと同じなのです。泣くのは彼女の悲鳴でもあるのです。彼女がイライラや憂鬱から抜け出すためには、無意識に積み重ねてきた過去を意識化して、父母と真正面から対峙し、心を整理するしかありません。

私は半世紀にわたって悩んでいる人と接してきて、悩みと抑圧されて表面化するイライラや攻撃性は不可分なものであると確信しています。

「私を虐待したお母さんの気持ちはわかります」と言い張っていた彼女は、最後はうつ病になってしまいました。「憎らしい」という感情よりも、憎しみを抑圧した方が恐ろしい結果を招くのです。

## 怒ることができない人

繰り返しになりますが、人間は自分が思っている自分と「実際の自分」とは違うのです。塩を砂糖だと言い、砂糖を塩だと言っているようなものです。

本当の感情は意識から無意識に排除されています。意識から排除されていても、その人の心の中には「ある」のです。

「ある」のに「ない」と思い込む状態は、つまりその人自身が生きていないことと同じ状態と言えるでしょう。

重要な他者（両親や家族の誰か）の期待に沿うように生きています。自分が自分から排除されています。

その結果、やがて生きていることの無意味さに苦しむようになります。自分自身の固有の感情がないのですから。

それはどういうことかというと、自分にとって、かけがえのないものがないことにも通じます。代替可能なものばかり。どれをどんなふうに交換されても、少しも心に響かない。

「かあさんの歌」という童謡があります。母親が夜なべをして手袋を編んでくれる、という歌詞ですが、そんなふうに、どんなに高価なものよりも勝るお母さんの愛がこもった手袋のように、かけがえのないものが一つもない状態です。だから何をどうされてもいい、従順な人に見えるかもしれません。しかし、どんな場面でも怒らない従順な人は、相手に対して怒りの感情を持っていないわけではありません。無意識下では怒りが渦巻いています。従順と敵意は同じコインの表と裏なのです。

風邪をひいて39度の熱があるときには人はトレーニングをしません。けれど、心の病のときには、自分が病んでいるという自覚がないため、心理的に健康な人と同じことをしようとします。健康な人と自分を比較して、自分はこれができないけどあの人にはできると、焦ったり落ち込んだりします。

心の病と体の病の重要な違いは、自覚を持つことができるか、できないか、ということです。

## 尊敬されている人気者？

「テレフォン人生相談」の相談者の中には無意識で孤立していながらも、「私は皆から尊敬されている人気者」と言い張る人もいます。

そういう人は、社会参加をすることで、心の底にある「孤独」を隠している人です。「孤独」の恐怖から逃れるために、無理をして社会参加しているとも言えます。そして自分はそこで人気者で好かれていると思っています。しかしそれは幻想の世界を生きていることにほかなりません。

そういう人にとっては活動が安全弁ですが、楽しいはずの活動が、とにかく疲れてヘトヘトになってしまいます。いつも不満がくすぶっていて、訳もなく心の中がもやもやしています。

近い人に対する何とはなしの不満や怒りは、実はその人が心の底では誰ともつながっていないことに起因しています。いつももやもやして、素直になれずにいるのは、心の底で自分を裏切っていて、不安を抱いているからなのです。

自分の努力はまったく報われない、そんな思いもよぎります。それでいて、「私は皆から尊敬されている人気者」と言い張ることで、いよいよ心の病気が深刻化します。

こういう人は、自分が何をしたいのかをわかっていません。無意識の領域では自分は決して幸せになれないと感じています。どこかで諦めているし、希望を捨てています。それが、何となく常に不安を感じる毎日につながっています。そのような構造をまったく意識していないところに真の問題があるのです。

アメリカの心理学者ロロ・メイはその著書でこう言っています。

「もし人間が人間としての潜在力の実現につとめないならば、人間はそれだけ萎縮し、病気になってしまう。」（注1）

# 他人を激しく非難するのはなぜ?

人を激しく非難する教授がいました。

彼は自分の研究業績に自信がなく、心の底では、自分の研究業績がそれほど大したものではないと思っていました。しかしその劣等感をないものとして抑圧していることで、他の教授への批判がますます激しくなっていくのでした。

どういうことかというと、自分はそれほど優れていないという劣等感を持っていることで、他の教授の業績が優れていることが大きな脅威となるわけです。抑圧しなければ他の教授は脅威ではありません。実際にはその研究は優れているかもしれないのに、劣等感を覆い隠すために、他への批判をしてしまうことで、意識の背後にある劣等感は肥大化し、抑圧はますます強化され、誰彼構わず非難、批判を繰り返す悪循環に陥っていくのです。

つまり彼はどんどん心の病を深刻化させていったのです。

自分についての考え方、感じ方を抑圧する。すると結果として認め難い思考を湮滅しようとする努力が、その思考を耐えがたいものにしてしまうのです。これはジョージ・ウェインバーグも言っています。

つまりその教授は、十分に教授としてやっていけるにもかかわらず、やっていけないのではないかという恐怖感を持ち、それを勝手に自分の中で強化してしまいました。

そして最後には燃え尽きて、教授を辞めなくてはならなくなってしまいました。彼は自分で自分の首を絞めてしまったのです。

人は不安な気持ちから、小さなことで悩みます。些細なことで縛られます。この不安な状態が、抑圧された行動へ向かっていく原動力なのです。

「人間の欲求は抑える事が出来ても消えることはありません。

人は自分自身について客観的になることは難しいのです。」（注2）

それにもかかわらず、人は自分のことをよく知っていると思い込んでいます。

幸せになるためには、この自分自身への抑圧に気がつくことが先決です。

「テレフォン人生相談」で、相談者の悩みが解決するのは、相談者が自分の抑圧に気がついたときです。

「まさかこんな感情が自分にはあったとは？」と驚いたときです。

そのまさかの感情に気がついたときに、多くの場合、驚きと同時に深い安らぎが訪れます。

## 子供を支配する母親

子供を過剰に管理し、支配欲を満たそうとする母親がいます。そしてそんな自分に気がついていないどころか、自分が素晴らしい母親と言われるためにより一層、子供への束縛を強め、頑張ってしまいます。

逆を返せばそんな母親は子供にとらわれているわけですが、無意識の領域では、現実を少しも受け入れていません。そして子供を支配することで、自分の無気力から目を背けていることがしばしばです。どんなことが起きても私は悪くないと言い張り、自分が「大きくなった幼児」であることは絶対に認めません。

不安になればなるほど現状にしがみつくと、ドイツの精神科医カレン・ホルナイは言いますが、まさにその通りなのです。

こういう母親は、愛を強調して子供を束縛しようとします。自分の心の底に潜む無意識の欲望に気がついていません。けれども、あることをきっかけにこの抑圧が取れてしまえば、天地がひっくり返るような驚きを感じます。そして新しい自分の誕生という喜びを味わうはずです。

「自分の無意識に気づき、心の葛藤に向き合い、解決を求めようとすればするほど、内面の自由と力を獲得できます。」（注3）

## 好きなことのない高齢者

アメリカの偉大な精神医学者ジョージ・ウェインバーグは「全ての神経症には抑圧がある」と言いますが、まさにその通りで、神経症は、真の感情が不活発な状態です。

つまり簡単に言えば、「好きなことがない」状態なのです。

自分の心が暗に抑圧されているから「好きなことがない」、自分の感情が不活発だから「好きなことが見つからない」ことに気がつかず、あちらこちらに顔を出して、ただお題目のように好きなことを探している高齢者があなたの周りにもいるはずです。

しかし、ふとした瞬間に好きなことに出合うことができて、人生が好転することも確かです。感情が活性化していく。「人生好転のきっかけ」は好きなこととの出合い、とも言えます。

## 本当の自分を知る恐怖感

「隠された感情」は、悩みとなって表れてきます。

悩んだ末に「テレフォン人生相談」に電話をかけてきます。しかし相談者の悩みは、症状であって、悩みの原因そのものではありません。本質ではないのです。

悩みの原因は、その人には「隠された感情」といえます。多くの相談者は自分の自発的な感情に気がついていません。そして自分の内の声を聞こうとしません。これが抑圧ということなのです。

例えば、うつ病患者の自己憎悪の激しさは、実は周囲の人への憎悪の激しさでもあります。

こんな記述もあります。

「苛酷な自己批判や残虐な自己蔑視などは、根本的には対象に向けられたものであり、対象への復讐を表しているということはうつ病の分析から得られる」とフロイ

トは指摘するが、その通りである。（注４）

抑うつ状態に苦しんでいる人がいます。隠された敵意、隠された怒りが原因です。しかし、その怒りはあくまでも無意識下に隠されています。その隠された怒りを意識するのは容易なことではありません。意識することは、あまりにも深刻なことであり、場合によっては恐怖でもあるのです。

ですから、理由もわからないままに、苦しんで、苦しんで、ただただ苦しみ抜いて生きている人があとを断ちません。

自分が本当に憎悪しているのは、自分の近くにいる周囲の誰それであるということをはっきりと意識しない限り、終わりなき憂鬱が消失することはありません。

でもそんな状況にある多くの人は、本質を見つめ、本当のことを知ってしまうことに恐怖感を覚えます。真実を見据えることが耐えられないのです。そこで今の状態に固執することになります。そんな人をはたから見ると、「死んでも不幸を手放しません」とはっきり表明しているように思えます。

しかしそのままでは、心にエネルギーを補給することができず、結果的に、自分をもっと見つめよう、勇気を出して真実を知ろうと心を動かすことができません。

つまり、意識領域の拡大ができないでいるのです。自分に気がつき成長していくプロセスが望めません。

逆に言えば、成長することでエネルギーが湧いてくるものですが、そのエネルギーが得られないのです。

しかし、自分は成長を拒否している、その点を認めることができれば、行き詰まった人生の困難を乗り越えることができます。

「自分の人生は今行き詰まった」と素直に認めることができる人は、自分を成長させることができるし、人生の困難を乗り越えられます。どうしても認めない人は、どこかに自殺願望のようなものを抱きながら、苦しみ続けることになるのです。

見つめたくない真実はたくさんあります。

本人は幸せになる選択のつもりでも不幸になる選択をしている人がいます。しかし見たくない真実を見ることで人は心理的に成長することができて、幸せの本質をみつけることになります。

# 「自分探し」と勘違いして

ひところ「自分探し」という言葉が、とても大切なことのように流行りました。落としたものを探し当てれば、それは嬉しい事実に違いありません。しかし「自分探し」で見えてくる自分は、もともと耐えがたい真実が隠されているために、自分の意識から追放した自分であることがあります。

ある人にとっては見たくない自分なのです。

ある人にとってはその自分を見るくらいなら死んだ方がいいという自分であるのかもしれません。またある人にとっては、その自分は死ぬほどの屈辱に感じる自分であったりもします。

実は「自分探し」とは死ぬほど苦しい仕事なのです。嫌な面を無意識下に閉じ込める「抑圧」によって、あるいは見たくない自分の嫌な面を他人が持っていることにして反発してみせる「投影」によって、自分の本当の気持ちが許せなくてまったく正反対の行動をとってしまう「反動形成」によって、長いこと自分自身を偽って生きてきたわけですから。

その偽りの生き方を認め、偽りの向こうにある真実を知ることが「自分を探す」ということなのです。

自分に耐えられなくなって意識から追放した自分であるということを自覚しないで、何か落とした財布でも探すように「自分探し」をする人には、絶対自分を探し当てることはできません。

真実に直面することで自分が壊れてしまうから、その真実から身を守るために抑圧が生じます。ところがその抑圧によって人は自分を見失っていくのです。ですから、今の自分に固執することをやめてみること。それが「自分探し」には必要なことなのではないでしょうか。単純に天国に暮らすことを想像して「自分探し」などと言っている人が多いけれど、実は、自分を探す道は地獄を通過しなければならないことを知っておきましょう。地獄を通って天国に行くのが「自分探し」の道なのですから。

## 解決策は自分の価値観の源に気づくこと

生きることに行き詰まった人は、どこか価値観にゆがみがあります。

自分を追い込んだ価値観をどのようにして身につけてしまったのでしょうか？　その源を探ってみましょう。それが「自分探し」の旅です。それが意識領域の拡大、つまり視野を広く持って真実に気づく道なのです。

さて、考えてみましょう。

「今、少なくともきちんと食べることができているのに、なぜこんなにお金が欲しいのか？」

「なぜ学歴がないことにくよくよし、もっと学歴をつけたいと思うのか？」

そのように、自分を追い込むような価値観をどこで身につけてしまったのでしょうか。その源を探っていきましょう。それこそが「自分探し」の旅です。

そうして気がついていない自分に気がついていくこと。それはまるで春が少しずつ訪れてくるように、幸せも少しずつ訪れてくるプロセスです。人生も万里の長城のように時間をかけて築いていくことです。

「自分探し」には時間が大切です。

## 困難は自分への挑戦

逆境に強い人は、困難を自らへの挑戦と受け取ります。それは、その人が成長への願望を持っている人だからです。苦しむ中で道が見えてきます。成長するということは、困難に向き合っていくことであり、困難に直面することだということを知っています。決して現実から逃げないのです。

不愉快なときには、不愉快だと意識し、不快な気持ちをごまかさないことが大切なのです。

自分に対して隠し事をしない、それが、人が真に「内省する」行為です。ところが、悩み多き人は自分に都合の悪いことを意識しません。自分が自分に隠していることに焦点を当てようとはしないのです。

## 意識下にある真実に目を背けていると…

「テレフォン人生相談」で、よく子供の問題で電話がかかってきます。子供に焦点が当たっているのですが、話を聞いていくと、多くの原因は夫婦関係の不和に行き当たります。そのことから、ひきこもりから不登校まで、子供はさまざまな症状を見せます。

相談者は、夫婦関係がうまくいっていないのに「うまくいっている」と言い張り、不和を決して認めようとしません。

「それが何であれ、経験、真実と直面できないという感覚を再生します。真実から逃げること、そのことが、真実をより恐ろしく思わせてしまうのです。」と、ジョージ・ウェインバーグは言っています。（注5）

つまり不和であることを「認めない」ことで、夫が嫌いという気持ちはさらに増幅され、耐えられなくなっていきます。

ほかにも、自分が冷酷な人間だとは認めたくない人がいます。自分の職業に引け目があるとは認めたくない人もいるでしょう。そんな気持ちが、冷酷さや卑下する気持ちをさらに増幅させ、生きることが非常に困難な状態になっていきます。

そのように抑圧していった結果はどうなるのでしょう。

そういう人＝「抑圧的対処者」は、社会的過ちを犯していなくても、計測すれば、脈拍、皮膚の抵抗、筋肉の緊張（凝り）など、いろいろな生理的な反応が出ます。

自分は何も心配もないし穏やかだと主張していても、生理的な反応にその不安と緊張が表れるものです。心は嘘をついても、体は嘘をつかないのです。

人は幸せになるためには自分にも他人にも素直になることが大切です。素直さとは、自分と他人に正直に生きることです。正直に自分に向き合い真実を見つけることであり、偽りを捨てる強さを持つことです。

抑圧がとれるときとは、心が眼を覚ますときなのです。

あなたは今、苦しんでいますか？

苦しんでいる人は、何か重大な感情を自分に隠している人です。あなたは自分に何か嘘をついていていませんか？

強い人とは、自分が傷つかないような防衛的価値観を持ったり、現実を否認したりしない人です。自分に正直な人がまさに強い人なのです。

防衛的価値観とは、本当にそれが価値あると信じているのではなく、自分が傷つかないように、真実を曲げて都合よくあることを価値あると信じるための価値観のことです。

# 人は「寂しい」より「嫌い」を選ぶ

寂しいという感情を味わうことを避けたい人がいるとしましょう。そんな人は嫌いな友人を「好き」と思い込んでいます。

「嫌い」と思うと自分は一人になってしまうから。友人ではなく親についても同じです。親を嫌いなのに、それを抑圧して「私の親は立派な親です、理想の親です」と主張します。

自分の中の憎しみを意識するのが怖いように、自分の寂しさを意識するのが怖いのです。だから人は自分の本当の感情をねじ伏せてしまうのです。

人は「嫌い」と「寂しい」という2つの感情があれば、「嫌い」を選びます。一人になるくらいなら嫌いな人とでも一緒にいたいと願うのです。

「人間のもっとも深い欲求は、母親との分離の苦しみを克服し、孤独という牢獄からのがれるというものである」と、エーリッヒ・フロムは言います。(注6)

何となく冷たい感じのする人がいます。誰とも心が触れ合っていないようですし、寂しい人のようです。

そういう人は、実は周囲にいる皆が嫌いなのに、無理をして好きと思っている人であることが往々にしてあります。無理して強迫的に「好き」な人と思っているようなふしがあります。

そうした人が不自然に「私の周りの人は皆とってもいい人」と言っていることがあり、聞いていると、そのような言葉がどこか浮いている感じがします。言葉に感情が入っていないのです。

仕事依存症の人も同じ傾向にあります。自分について耐えがたい感情を認めないのです。「人と親密になれない自分」という自分についての感じ方を抑圧し、そのことを感じてしまわないように、仕事に没頭するのです。

そういう人は仕事を口実にして家庭にいません。そしてコンピュータに向かっている方が安心していられます。恋人と親密な世界に踏み込むことができないから、仕事や勉強を煙幕にして恋人を避けていることもしばしばです。

仕事に没頭することで自分は情緒的に未成熟だという事実に直面するのを避けようとしている人がいます。それがまさに仕事依存症の人であり、自分の本当の感情に気がつきたくない人なのです。

生きることに苦しんでいる人には、多かれ少なかれ、この傾向があります。

生きることが苦しいと感じ始めたら、「自分は何を自分に隠しているのか？」「自分は何から逃れようとしているのか」と自分に質問してみることです。

そうしたら「本来の自分」に気がつくかもしれません。しかしそれは、腰を抜かすほど驚くべきことかもしれません。

人はある感情を抑圧するとその感情に生き方、感じ方を支配されてしまいます。

敵意を抑圧すると、その人は自分の心の底の敵意に人生を支配されてしまいます。

## 自分への失望の代償

自分への失望感がひどいにもかかわらず、それを認めないでいると、その代償として、人は不必要なほどの大金や、不必要なほどの名誉を求めることをし始めます。

しかしそう簡単にはいきません。それが手に入らない場合は、なんとか体裁を整えようとしますが、その時点で人々の反発を買うことでしょう。

仕事依存症の人は仕事にしがみついているのではなく、あることから逃げようとして必死になっているのです。その仕事を辞めたら、それに気がついてしまいそうで怖いのです。自分ではどうしようもない何かに支配されているとも言えます。

自分が支配されている何かに気がつくこと。それが幸せになるための第一歩です。

「自分が認めたくないものは何なのか？」

アメリカで活躍している精神科医のジョージ・ウェインバーグはこう言います。

私たちはこの問いかけを忘れてはいけません。

私もラジオの「テレフォン人生相談」で、番組冒頭にこの言葉を言っていたことがあります。

「抑圧は抑圧を受けるものを殺さない。抑圧されたものは、生き続けて、思考や行動に決定的な影響をおよぼすのである。」と。(注7)

## 良い人をやめる？

「自分に正直」であることが難しいのは、何も青年期ばかりではありません。ビジネスパーソンでも同じです。

ジョージ・ウェインバーグが科学者C氏なる神経症の人について書いています。

科学者C氏は有能な人で、野望を持っていました。しかしG氏が入社してくると、

G氏が彼にその仕事から手を引くように勧めます。C氏は彼が自分より有能だと感じ、本当であれば自分に帰せられるべきだった彼の成功を喜びます。

そして野望を抑圧して自分を節度ある人間に見せていたそうです。それはG氏と対立することが嫌だったからなのです。

そして最後には科学者G氏にアイディアを盗まれてしまいます。それでも彼は表立ってG氏を批判したりしません。そしてG氏を信頼している「ふり」を自分にも、G氏にもし続けます。

C氏の内面では、野望が彼の敵意を駆り立てています。しかしC氏はその敵意も抑圧してしまうのです。

それは一人になるのが寂しいから。また自分はそんな人間ではないと思いたいからなのです。しかし結果、C氏は消耗し、挫折してしまいます。

野望も敵意もない立派な人間である必要など、どこにもないわけです。私も小さいころから立派な人間でなければと必死でした。そして必死で努力しました。でも立派な人間にはなれませんでした。その代わりノイローゼになってしまいました。

「良い人をやめれば楽になる」と言われても「良い人」はやめられないものです。

立派な人間などにはなろうとしてなれるものではありません。幸せと同じように、立派な人間というラベルは、結果として手に入るものです。自分に与えられたことを一つ一つこなしていけば、なろうとしなくてもなれるものなのです。

とにかく自分をまるごと認めてしまうことです。そしたらいろいろなことは今までよりもっとスムーズにいくはずです。些細なことが心配で心配で、眠れぬ夜もなくなります。

科学者C氏のように寂しいから自分を偽っていても親しい人はできません。自分の野望を認めるから親しい人ができるのです。立派な人だから親しい友人ができるわけではありません。

寂しいからということで対立を避けて、相手の横暴を我慢すると、もっと寂しくなるだけです。抑圧した感情に支配されるとはそういうことです。

そして人は不満には耐えられますが、不安には耐えられない生き物です。抑圧は不安を引き起こし、行動の自由を奪います。

意識されていない寂しさに支配されてしまうことのないように注意したいところ

です。

## どう生きていいかもわからない

「テレフォン人生相談」で「どうして生きていいかわらない」と言う相談者がいます。それは抑圧のある人です。敵意を感じたとき、その敵意を抑圧して無理に好意を意識するから、どうやって生きてよいのかわからなくなるのです。

実は私も若いとき、「どう生きていいか」わからなくなり、中央アジアの旅に出たことがあります。その旅で自分の中で引き起こしている不幸に気がついたのです。答えは自分の中にあると気づき、『親離れできれば生きることは楽になる』という本を書きました。その本から少し引用してみましょう。

「抑圧すると、もっとも単純で、もっとも大切なことが分からなくなる。つまり生きるとはどういうことか分からなくなる。

生きることは人間にとって、あまりにも『当り前』のことなのである。草が夏に茂るように、うさぎがとびはねるように、当り前のことなのである。夏に蝉がなくように、人間は生きているだけである。

抑圧がなければ、そこに感動がある。魂がふるえる喜びも悲しみもある。抑圧があると、根源的なものを欠如してしまう。

そしてその旅で「自分で自分に隠そうとしているものは何か？」と自分に問うています。

「私は今、過去の自分をふりかえって、人間の心の中の抑圧というものがいかに恐ろしいものであるか、驚いている。自分の人生に対する間違った感じ方、自分をとりまく世界に対する間違った感じ方、自分をとりまく人に対する間違った感じ方！現実をあるがままに見ないで、自分の内部に隠蔽されている不安や葛藤に動かされて、現実を歪んでとらえてしまう。

自分の現実検討能力を破壊してしまった者は誰か、それを探すことが、人間にとって最も必要なことであろう。」

それ以後、いろいろなことが見えてくると、ある特定の人が悪いのではなく、特定の人を取り巻く人間関係が私をノイローゼにしたことがわかってきました。

## 孤立と追放の恐怖感

アメリカの心理学者ロロ・メイの本の中に、ある同性愛者の臨床例が紹介されています。（注8）

彼は6人きょうだいの末っ子で、4人の兄たちと、すぐ上に姉がいました。その姉が幼いうちに死んでしまい、母親が末っ子の彼を少女のように可愛がるようになりました。母は彼に女の子の服を着せ、彼は彼で女性的興味を発達させていきました。

彼は母の期待する女性の役割を演じ始めたのです。少女としての役割を受け入れることで母親に受け入れてもらおうとしたわけです。

彼がもし少年のように振る舞えば彼は母親に姉を失った悲しみを思い出させ、母の期待に背くことになります。彼は母親の期待をかなえるために現実の自分自身を裏切ったのです。

自らを裏切り、他者の期待をかなえることは、どれほど愚かなことかがわかる臨床例だと思います。理想の自我像を実現することは、とても愚かなことなのです。

シュバルツ教授のACE性格の論文の中に、抑圧的対処者について記載があります。

ACE性格とは、自分の悩んでいる状況を作り出した原因を正しく理解しようとする態度を持ち、ストレスや感情というサインを、正しく認識するACE要因を持った性質のことです。

抑圧的対処者とは、自分はうつ病であるのに、まったくうつ病とは関係ないと主張するグループのことです。彼らは悲しみの筋肉がうつ病患者と同じように活発ですが、次第に自分の本当の感情を意識する能力を失っていきます。痛みや否定的感情を抑圧し続けているため、不快感が増大します。この不快感を消すために脳はエンドルフィンを放出します。

このように、心を抑圧すると、生理現象としてすぐに身体に表れるのです。多量のエンドルフィンが血糖値を上げます。心拍数や血圧の増加、筋肉の緊張を引き起こし、顔の筋肉の硬直性にも表れてくることがあります。

そして、ストレス・ホルモンであるコルチゾールやカテコールアミンが分泌されると、途端に免疫力が落ちてきます。抑圧とガン細胞の増大は関係があるというシュバルツ教授の研究があります。

一方で、ストレスや感情というサインを、正しく認識できるACE要因を持った

ACE性格者は、ガン細胞の侵略に対する免疫力があると述べられています。（注9）

ですから、自分の負の感情がどこから来ているのか、冷静に把握できるACE性質を持つべきであるとシュバルツ教授は述べています。ACE性格の人は過剰な免疫もなく、免疫系の調整がうまくいっていることが分かったのです。

## ストレスを抑制し続けると感じる機能を失う

今の若者たちがよく使う言葉に「別に、面倒くさい、疲れた、わからない」等があるそうです。これらの言葉はまさに「燃え尽き症候群」の人が発する言葉です。意欲を失い、豊かな感受性を失っている人の言葉なのです。

ストレスを感じてもそれを常に抑制していると、やがてストレスを感じなくなります。ストレスを感じるという正しいサインが出なくなるのです。その原因は、自分にとって何か重大なことを否定し続けて生きてきたことにあります。

本当は「こうしたい」と思っているのに、心の中にある「こうしたい」を否定するものが存在しているのです。やがて自分は「こうしたくないのだ」と思い込むことで、心が楽になります。

「抑圧された敵意は、人から現実の危険を認め、これに対して闘う能力を奪ってしまう。」（注10）

弱い人は現実の危機が迫っているのに、闘わない。滅びていく流れに身を任せてしまう。「もういいや」という諦めの感覚に陥ります。

離婚調停の男性で「もう何でもいいや」と諦め、不当で不利な流れを止める闘いをしない人がいます。家庭裁判所でまるで弄ばれているような印象です。

最後に裁判官が「本当にこれでいいのですか？」と男性に確認したほど、奥さんや調停委員にどんなに叩かれても闘わない男性がいます。

そういう人は、おそらく小さいころから親への依存性があり、親の承認なしに生きてこられなかった。結果、親への敵意を抑圧せざるを得なかった。長い間の抑圧から生じた無力感であろうと推測できます。

そしてアメリカの臨床心理学者ジョージ・ウェインバーグが言うように抑圧は拡大します。次々に自分の本当の感情を無意識に追いやってしまうのです。そんな人は、他人の欲求に敏感でありつつ、自分自身の欲求を次々に抹殺してしまいます。自分でない自分を生きていることに気がつかないのです。いわば、亀なのに、亀であることを禁じられた亀であることに気がついていない状態です。

そういう人は、社会的な自分の成長と、自分自身になることの違いが理解できません。いつの間にかそういう人にならないよう、私たちは、自分の人生は、誰のものでもない、自分自身のものだということを、いつも自分に確認しておく必要があります。

そのためには、私たちは自分の感情に注意を向けなければならない、とシュバルツ教授は言っています。人のことをひどく気にしているようで、実はその人に対する関心はまるでありません。その人の性格にも、食事の好みにも、趣味にも、適性にも、癖にも何も気がついていないのに、その人が自分のことをどう思っているかを異常に気にしています。

不安を抱えている人は、幸せより安心を求める気持ちが強くあります。

「人は誰でも幸せを求める」と思うかもしれませんが、多くの人は幸せよりも安心を求めているのです。安心を得たものだけが無意識で幸せを求めます。

しかし、世間では、命がけで不幸にしがみつく人がいくらでもいます。

他人から見ると不幸にしがみついていることが明らかなのですが、分析すれば、

「安心したい」という心理にしがみついているのです。

それなのに、「人は誰でも幸せを求める」と思っているから、悩み解決への処方箋を間違えてしまいます。

「テレフォン人生相談」に現れる悩みのいくつかのパターンを、この本では説明していきたいと思っていますが、その一つが、抑圧すると自分では自分をコントロールできなくなるということ。それが先に書いたように「抑圧されたものは、生き続けて、思考や行動に決定的な影響をおよぼすのである。」ということです。

多くの相談者を悩みに追い込んだ決定的な影響を、この本で明らかにしていきましょう。

初めに述べたように、私はラジオの「テレフォン人生相談」を半世紀以上続けています。

冒頭に使っている言葉は「あなたが認めたくないものは何ですか？　どんなに辛くてもそれを認めれば道は拓けます」です。

その言葉はジョージ・ウェインバーグの「ある真理を見たくない、感じたくないという欲求は、全ての神経症に見られます。」（注11）という言葉にヒントを得たものです。そのとき私は、「全ての神経症」という言葉に着目しました。つまり神経症とは「重大な真理を受け入れることを拒否している人」に起き、悩みは「常に自分が認めたくないものが焦点」になっているのです。

以前、私自身が会った40代の男性の話をします。その方はストレスから脳梗塞になったと診断されました。さらに息子が不登校になったということで、相談に来たのです。

そこで次のように聞きました。

「仕事が好きですか？」

「奥さんとの関係はうまくいっているのですか？」

「不登校になった息子さんを好きですか？」

彼の答えは次のとおりでした。

「仕事も家庭も全て順調、親子関係もうまくいっている、一人息子は可愛い」

さまざまな角度から質問を変えても、その主張は頑として譲りません。

彼はストレスで脳梗塞になっている。一人息子は不登校が直らない。

「仕事も家庭も全て順調なのに、なんで、こうなるの？　おかしくないですか」と聞くのですが、「何でしょうね」としか答えません。

彼のような人は、「本来の自分」「願望、対立する意志」を無意識へと抑圧してしまいます。孤独感に苦しんでいるけれど、それすらも抑圧します。

「本来の自分」でないから最後は無気力になります。

小さいころから自分を裏切って生きてきた。社会的には立派な社会人になっている。それを疑似成長と言い換えることができます。

人は他人を判断するときに行動しか見ていないことが多いけれど、もっと本質を見ないと、見誤ることになります。

悩んだ末に相談する人もいなくて、電話で相談しているのに、「親友はいます」と言う相談者がいました。聞けば、「高校時代は楽しかった」と言います。さらには良い先生、良い親に恵まれていると言います。

それならなぜ今、理由もなく生きるのが辛いのでしょうか。

## 自分が悪いと思い込む心の呪縛

「夫からDVを受けています。叩かれたり、ものを投げられたり。ひどい言葉でなじられるのはほぼ毎日のことです。最近、子供もアザになるほど殴ったり蹴られたりしていることも学校の先生からの知らせでわかりました」と言う40代女性からの相談がありました。

まず、はたから見れば、どうして離婚しないのか、なぜ我慢しているのか、という状況だと思います。自分だけではなく、お子さんにまでDVが及んでいるわけですから。

ご本人に聞くと、経済的理由があるからと言っていましたが、よく聞いてみると、夫は毎週土日に競馬やパチンコに出かけていて、借金があるということでした。それも、督促状の葉書を見て知ったそうです。

それでも離れられないのは、この相談者の女性にも問題があるからなのです。この人は、すべて夫が悪いわけではない、自分にも非があると言います。

実はギャンブル依存症の夫を持つ妻たちの調査があり、ほとんどの妻たちは、「私が夫をそうさせてしまった」と言うのです。「私が悪い」「離婚はしない」と、日米両国の調査で同じような声が聞こえてくることがわかっています。

そして一方で、このような状況でありながらも、この女性が離婚に踏み切れないのは、この相談者が小さいころから両親との関係でかなり苦労してきているのではないかと推察しました。親から理不尽な欲求をされても決して口答えをしたことがないのです。

「いつも良い子でした」と、最後に女性は涙ながらに言いました。小さいころから我慢をしてきて、自分を主張できなかったのです。

相談者の両親に何が起きていたのか知る術もありませんが、決して親からの真っすぐな愛に包まれ成長したわけではありませんでした。しかし真実に気づき、反乱を起こして孤立してしまったら生きていけません。常に自分を抑え、良い子でいました。それは無意識の中で家族から追放されることを恐れ、おののいていたからなのです。

そういう環境でこの女性は育ったので、自分が新しい家庭を築いても、同じことの繰り返しなのです。どこか自分が悪いのではないかとおどおどし、自分を主張しません。夫はそんな彼女にイライラを募らせます。

このままいくとどうなると思いますか？

私は言いました。

「夫のＤＶはずっと続きます。そしてあなたはますます自虐的になるでしょう」

では、どうすればいいのでしょうか？

「今日を人生の新しいスタート地点と考えて、私は悪くないと声に出して言ってみてください」と私は言いました。彼女は、自分が頼るべき親から突き放されることが怖くて、何かあれば自分に非があるのだと思い込んで生きてきたのです。そこを潔く変えていくことです。

「あなたは悪くない、覚えておいてください」

＊『Losing your shirt』メアリー・ハイネマン著

## 夫が持つ孤独と追放への恐怖

ラジオの「テレフォン人生相談」で、「夫は、何か自分の思い通りにならないと、すぐに怒ってものを投げたりする」と言う困り果てた奥さんからの電話がありました。

この人の夫は、実はいつも不安を抱えています。自分が家族から拒否されているのではないかという不安が常に頭をもたげます。表面的には一家の主であっても、心の底では孤立しているわけです。

この男性が恐れているのがまさに「孤立と追放」というわけです。

奥さんにはこの夫の心理が見えないので、一家の主が暴れている、それには何か訳があるはずと解釈します。

しかし実は、この夫は、家の中で居場所のない一人の男に過ぎません。それどころか、基本的欲求が満たされておらず、母親に固着している心理状態にあります。つまり、この男性は、幼児のようにゆりかごで揺すってもらいたいのです。それを誰もしてくれないから、その欲求不満から怒っているのです。つまり生きていることと自体が不満であり、怒りなのです。

立派な社会人が怒っていると思うから、「自分の思い通りにならないと、すぐに怒ってものを投げたりする」夫の怒りが理解できず、何か自分に非があるのではと考えがちです。けれど彼は「大人になった幼児」であるに過ぎないのです。

親がいつも不機嫌であったり、ネグレクトされたり、拒絶されて育った人は、自我の確認ができていません。こういった人たちに一番必要なのは、温かい世界、「実際の自分」が許される世界です。

本来なら、大木に育って初めて風雨に耐えられるわけで、子供には無理なのです。しかし親がそのような環境を与えてくれなかった以上、大人になってから自分でそのような温かい環境を作り自分に与えることが必要になってくるのです。

こんな事例がありました。ある会社の役員が周囲に内緒でマンションを借りていることがわかり、愛人がいるのではないかと疑われ、騒がれました。しかし彼はそこにぬいぐるみをたくさん置いて遊んでいたのです。嘘のような本当の話です。

この人のように、会社の役員まで務めていても、心理的にはまだ幼児という人がいます。それまでずっと抑圧し続けてきた幼児的願望を、大人になってマンションの一室でこっそりと満たしていたのです。

愛に包まれずに育った子供は、社会的にどんなに成長しても、心を見れば「大人になった幼児」であったりします。本人はそのことになかなか気づけない。自分の満たされない母親固着に気がつかずに大人になっていきます。

ぬいぐるみをたくさん置いて、そこで遊んでいた役員は、まだ自分の状況や欲求がわかっていたのでしょう。しかしほとんどの人は、気づかず、普通の大人として行動をして暮らしています。すると、「なぜこんなにいつもイライラするのか、なぜこんなに憂鬱なのか？」という思いに苛まれていくのです。

満たされない母親固着は、欲求不満として、執拗に、満たすことを迫ってきます。実は高齢者のうつ病は、自分の欲求不満に気づかず、「本来の自分」に気がついていないことから発症することがしばしばです。

心理学者マズローは神経症のことを「欠乏の病」と述べています。（注12）

いつも怒っている人、急に怒る人は、なぜ自分がこんなに欲求不満なのかを考えることがあります。そもそもいつも不満なのは、神経症的欲求を持っているから。精神科医でもあるカレン・ホルナイは、神経症的欲求をする人は、それにふさわしい努力をしないで、ただ結果を求める、と分析しています。

そして欲求そのものが社会的に見ておかしい場合も多々あります。身勝手な欲求、人の立場を無視した欲求、虫の良い欲求など、そもそも望んでいること自体がおかしいことが多いのです。まるで1万円のものを千円にしてくれないと嫌だと思うような、的外れな神経症的要求をする人は、それが通らないと欲求不満になります。

それは、欲求そのものが通らないからではなく、現実の自分を自分が受け入れられないから、いつまでたっても欲求不満のループから抜け出せないのです。

ここで大切なのは、本人は基本的欲求が満たされていないという自覚がないということです。愛情欲求や所属への欲求など、基本的欲求が満たされていないという不満は、その人の無意識の領域に存在しています。本人には、満たされていないという意識がないのです。

そして結果としての症状ばかりが意識されることになります。すぐに怒りが爆発する、いつもイライラする、人の一言ですぐに不愉快になる、今までの愉快な気持ちが他人の些細な言動で急に怒りに変わる、その不愉快さや怒りがなかなか治まらない。気持ちの不安定をどうすることもできない、自分が自分の気持ちをコントロールできないのです。

これは要するにもともとある基本的欲求不満が、些細な相手の一言で刺激されたことによります。その相手の一言が不愉快や怒りの真の原因なのではなく、相手の一言は単に導火線に火をつけただけなのです。

さて、夫がすぐに怒るという相談をしてきた奥さんへのアドバイスです。

まず、夫は基本的に欲求不満であるということが、そのときの怒りの真の原因と思ってください。ひどいことを言われたときには、「自分と関係ない」と自分に言い聞かせることです。ひどい言葉を浴びせることで、「相手は自分の心の葛藤を解決しているだけ」なのだから。

人間の基本的欲求は「あやされたい」という気持ちです。幼児はいつも周りから注目してもらいたい、いつも褒めてもらいたい。自分のすることにいつも周りから反応が欲しい。その欲求を近しい存在の妻に甘えてぶつけているだけなのです。

## 子供も「孤立と追放」の恐怖を感じている

そういう人にとって、これらの基本的欲求は、全く満たされないまま消えることはありません。すでに子供の時期を過ぎて、誰も褒めてくれる人がいなくなったとしても、決して消えません。そのため、気難しい人はさらに気難しくなり、怒りっぽい人はますます怒りっぽくなります。周囲の人にとっては大変迷惑ですが、本人はどうしようもないのです。心の底ではいつも欲求不満なのです。

子育て中の母親から、わがままな子供に手を焼き、悩み果てて電話をもらったこともありました。この場合、母親は、わがままな子供が家の中で居場所がないからそうなっていることに気がついていません。

子供がある程度わがままであっても仕方ないのですが、度を越えてわがままな子供は、心の底で孤立している場合が少なくありません。心の底で自分は家族の中で拒絶されているのではないかと恐れています。その拒絶に脅威を感じて、暴れているのです。

こういう子供たちが抱いているのも「孤立と追放」の恐怖感です。

この場合、子供の不幸の原因を正しく理解できれば、解決の道筋は見えてきます。もしこのような恐怖感に怯えているのが、父親、あるいは母親であったら、その子供はどうなるか。不安な親は不安を逃れるために、子供を自分の意志に従わせようとします。サディスティックに子供を支配しようとします。

人間関係のトラブルは一朝一夕に解決は困難ですが、正しく理解し原因がわかれば、必ず解決の道筋は見えてきます。

# 父と私の関係

人はよく独りぼっちになるのが怖くて自分に嘘をつきます。自分の実際の感情から目をそらそうとします。

「自分に正直」であることは望ましいことと初めに書いたように、誰でもそれは認めるでしょう。しかしそれを実行することは大変難しいことです。

私自身、嫌というほどそれを体験してきました。

若いころ、私が心を砕いていたのは、父親に気に入られることでした。心安らかでいるために私は父との関係がうまくいくことに全力を注いでいました。父が私に満足していること、これが私の心理的安全装置だったわけです。

当時、私にとって重要なことは、父が私の言うことに満足したか、私の行動に満足したか、ということだけでした。そして、父が私に満足したとき、私はほっと安心していたのです。しかし、この安心はまったく一時的なものでしかありません。

私は、自分の言うことが父親を怒らせないかといつも心配していました。

そこで私は父の望むような感じ方をしなければならない。父が私に美しいと感じることを期待するときは、私は美しいと感じなければならないし、父がある人を軽蔑することを私に期待するときは、私はその人に軽蔑の気持ちを持たなければなりません。

私は、本当は「美しくない、汚い」と感じていても、父親がそれを美しいと感じることを期待しているなら、私自身の感じ方を否定して、「美しい」と私は感じたのです。私は本当はある人を偉いと思っていても、偉いと感じることが父親の意に反することなら、その感じ方を私は抑えなくてなりません。

ある遊びをしていて、本当はつまらないと感じているとします。しかし、その遊びは、父親が得意になって私を遊ばせている場合、私は面白いと感じることを期待されているから、「面白い」と思い込もうとするわけです。

私は物心ついたころから、自分をだまし続けて生きていました。

私は私自身を裏切り続けたのです。

しかし、その当時、自分が自分を裏切っていると感じていれば、私は若いころ神経症的にならなくてすんだことでしょう。

私は実際には自分を裏切りながらも、そのことから目をそらし、自分に忠実に生きていると感じなければなりませんでした。

私は生きることが恐ろしかった。なぜ恐ろしいのかわからないのですが、とにかく生きることが恐ろしかったのです。それは自分に嘘をつき続けて生きていたからでした。誰でも自分に嘘をついて生きていれば、そのことに気づいていなくても、生きることが恐ろしくなるはずです。

私は、「自分に忠実に生きている、私は愛の世界に生きている、私は真実の世界に生きている、私の父は偉大である、わが家は愛の表現である」、そう信じて生きていたのでした。

「行き詰まったときは逆が正しい」とよく言われますが、若いころ私の人生は行き詰まりました。

私は偽りの世界に生きていたのです。自分に嘘をついて私は真実の世界に生きていると「信じていた」のです。

生きるのが苦しい人は、自分は「自分に正直に生きていない」と思うとよいと思います。

マズローは言います。

「まったく自分に正直になることは、人間のなし得るまさに最善の労作である」（注13）

正直に生きることは並大抵なことではありません。そこでいろいろな形で自分の実際の感情を偽るわけです。

また、世話になった人を憎むことができず、自分を縛っていく事例も往々にしてあります。

自分を会社に入れてくれた人、恩義のある人、小さいころから自分を育ててくれた人、貧しいときに自分に奨学金をくれた人、それらの人を憎むことは難しいです。

義理と人情の板挟みという言葉があり、このことは、まだ意識の上でわかっている人も多いでしょう。しかし「抑圧」とは、その一方を自分の意識からすっかり排除してしまうことで、それゆえに問題が起きます。義理があるという規範意識から憎しみを抑圧してしまいます。憎んでいても、嫌いでも、憎んでいない、好きだと感じる心が働きます。人はそれによって板挟みという苦しみを逃れるわけです。

# 甲高い声で笑うのは？

なぜ甲高い笑い声で笑う人がいるのか。

「カンにさわる声で笑う。笑いながら平静を装っている。実は心に憎しみがあるが、それを見ていない。憎しみに気がついていない。憎しみを抑圧している。今の心の現状を見て見ぬ振りをしているからカンにさわる声で笑う」（注14）とウルフは言います。


いかにも楽しそうに笑っていますが、見ていると楽しそうではありません。オーバーに不自然に笑う。心の底に不安や嫌悪を隠しているからです。

策略を巡らせている人が、ばれそうになって追いつめられている。不安を押し込めている。だから甲高い声で笑っている、そんな構図です。

恋人に振られたから「私は死にたい」と言うことであれば、多くの人はその感情を理解できます。しかしある人が「死にたい」と言ったときに、「この人は何で死にたいのか？」がわからないことがよくあります。

それはその自殺願望者が、見たくないものを見ない人であり、認めたくないことを認めない人だからなのです。例えば本当は幸せでない家族を幸せと思って生きていこうとしているから、心の底では「死にたい」と願うようになります。周囲の人はその人が装っている幸せな家族を見ているから、心の底にあるものが見えてこないのです。

「そう」思いたいかもしれません。しかし「そう」ではないときには「そう」ではないと、しっかりと心で受け止め、認めることが大切です。

## 「まさか」を書き出してみよう

そんな複雑な人間の心。そのこんがらがった回線をどうほぐせばいいでしょうか？

嫌なことがあるとき、死にたいと思ったとき、「まさか」と思っていることをノートに書き出してみるのもよいでしょう。「こんなことがあるわけない」ということも書いてみましょう。

案外それが本当のことなのです。だから今が嫌なのだ、そう気がつくことです。

抑圧の最も恐ろしい点は「自分の感じ方」を失ってしまうことです。

「自分の感じ方」を失うと「自分の考え方」も失ってしまいます。つまり、最後には自分をも失ってしまうのです。

そういう段階に入ると、相手の言うことを聞くとすぐに「その通り」と思ってしまいます。すると、ずるい人から簡単に騙されてしまいます。

本来であれば、自分で感じ、自分で体験し、自分で考える生活を積み上げることで自我が確立されます。ところが肝心の自分で感じることがないうえに、仮に活動しているようであっても、自分が体験していないので、嬉しいとか悲しいとか楽しいとか寂しいという生の体験をしていることになりません。

抑圧からスタートすると、そうした人生の積み重ねがないことに等しいのです。

## 抑圧に気づいたら

1章の最後に断っておきたいことがあります。

まずは抑圧に気がつくということが幸せへの第一歩です。しかしそれですべてが終わりというわけではありません。大人であれば、そこからさらに先に進まなければなりません。

親が嫌いだと思い至ったときに、自分の心を偽って「好き」と思い込もうとする必要はありません。しかし嫌いだけど親切にしようというのが大人なのです。自分に正直になれ、と言っても、感情のままにやりたい放題やってしまっていいと言っているわけではありません。自分も他人も、今起きている事態も、正しく理解して状況判断をする、それが大人です。

フロムが唱えた「孤立と追放」という言葉は前述しました。人間が正気であるためには人と関わり合いを持たなければならないのです。それは本能的な性や生命への欲望にも増して強い心理であると知っておいてほしいのです。

例えば、集団は、個々人にとって本質的な重要性を持っています。ですから、その集団の考え方や信念や感じ方が、その個人の現実となります。それは自分で感じ、理性をもって考えることより優先するわけです。この場合の集団とは家族にも当てはまります。家族が持っている影響の甚大さ、恐ろしさを感じずにはおれません。

強力な権威主義的家庭で成長した子供には親しかいませんから、虐待されてもしがみついている。何度も繰り返すように、子供も含め、人は、「孤立と追放」の恐怖感よりも、虐待の恐ろしさの方を選ぶのです。

その環境で成長した子供には親が全てですから、学校に友達はいません。

その集団＝家庭が存在しないと、その人にとって未来の絵図は存在しないも同然です。

## 抑圧から解放されると…

それでは自分に正直になり、抑圧から解放されるとどうなるのでしょうか。

「1」 自分の目的ができる。

自分の人生を生きることになり、好きなことができて、目的が見えてきます。

「2」 生きるエネルギーが満ちてくる。

目的が見えてくると、やる気が出ます。それは自分が生きようとするエネルギーにも通じます。

「3」 失敗から立ち直る力が身につく。

失敗しても生きる力があれば、何度でも立ち直り、自分の人生を構築できます。

「4」 達成感がある。

日々の小さな達成感、目標をクリアしたときの大きな達成感こそが喜びと感じることができます。

「5」自分の人生に後悔をしない。

誰のものでもない、自分の人生を歩めば、どんな結果でも後悔しません。

## 自然のリズムで生きよう

人は、空腹のときがあれば満腹のときがあります。「躁」になったり、「鬱」になったりする人もいます。楽あれば苦ありと言いますが、苦あればまた楽ありでもあります。禍福はあざなえる縄のごとし、とも言います。

そのように自然のリズムで生きていくことが実は非常によいことなのです。苦しいことばかりあっても、楽しいことばかりであっても、人生は不健康になってしまいます。

リズムを知っていれば、災いがあっても苦しみがあっても、それを当然のことと受け止め、リズムと受け止めます。また、楽しいときはその楽しみをそのまま楽しむのが人生の姿と言えます。

疲れたら休め、休んだら働け、動いて疲れたらまた休め、ということを覚えておきましょう。息を吸ったら、息を吐き出せ、生まれたら死ね。人生とはリズムなのです。

ある80代の高齢者の日記にこう書かれていました。

「右足の次に左足を出せばそれでいい。どうして右足の次に左足を出すのかなどと考えるのか、そんなことを考える必要はない。ただ、右足の次にまた右足を出すようになった場合なぜこんなまねをやるのかと考える必要がでてくる。リズムがくるったときのみ正論が必要で、健康なリズムによって動いている人生に理屈など必要ない」

確かにこの人の言う通り生きることはリズムです。

宇宙のリズムを聞くことが生きることでもあります。しかし多くの人はリズム、リズムと言いながらもリズムに乗れない生活に苦しんでいます。

なぜでしょうか。生きることがリズムに乗らないのは、実は自分自身を隠しているからなのです。自分の本当の姿を見ていないのです。だからエネルギーが湧いてこなくて、生活がリズムに乗りません。リズムに乗っているときには、怒れば怒りの言葉がポンポンと出てきます。そしてまた楽しいときには楽しい気持ちがどんどん湧き起こってくるものです。

注1：『Men's Search For Himself』Rollo May 『失われし自我を求めて』小野泰博訳、誠信書房、97頁

注2：『How to Be Happy Tough Human』Beran Wolfe, Farrar & Rinehart Incorporated, 1931.『どうしたら幸福になれるか　上巻』周郷博訳、岩波書店、24頁

注3：『Our Inner Conflict』Karen Horney, 1945, p.27「幸福な人間は、自分の人生の型を拡げて現実に直面しようとする（The happy man expands his pattern to meet reality.）」

注4：『フロイト選集第四巻「自我論」』井村恒郎、日本教文社、139頁

注5：『The Pliant Animal』George Weinberg, 1981 Martin's Press Inc.New York 『プライアント・アニマル』加藤諦三訳、三笠書房、105頁

注6：『The Art of Loving』Erich From,Harper & Publishers,Inc,1956.『愛するということ』懸田克躬訳、紀伊國屋書店、12頁

注7：『Toward A Psychology Of Being』Abraham H. Maslow 『完全なる人間』上田吉一訳、誠信書房、254頁

注8：『Men's Search For Himself』Rollo May 『失われし自我を求めて』小野泰博訳、誠信書房、254-255頁

注9：『The Immune Power Personality[7 Traits You Can Develop to Stay Healthy]』Henry Dreher,A Dutton Book,1995

注10：『The Meaning of Anxiety』Rollo May,W.W.Norton & Company.Inc.1977 『不安の人間学』小野泰博訳、誠信書房、112頁

注11：『The Pliant Animal』George Weinberg,1981 Martin's Press Inc.New York 『プライアント・ア

ニマル』加藤諦三訳、三笠書房、１１５頁
注12：『Toward A Psychology Of Being』Abraham H. Maslow 『完全なる人間』上田吉一訳、誠信書房、68頁
注13：『Toward A Psychology Of Being』Abraham H. Maslow 『完全なる人間』上田吉一訳、誠信書房、91頁
注14：『ベラン・ウルフ　上巻』１１４頁

# 2章

# 悩みの本質は〝置き換え〟であらわれる

「離婚して戻ってきた娘と男の子の孫と暮らしています。最近、孫の帰宅がとても遅くなってきて、夜中の2時3時です。一度戻ってきてもまたすぐに出かけて朝まで帰らないこともよくあります。心配で寝付けないほどですが、娘はもう大学生なのだから、心配はいらないと、放ったらかしです。そんな娘の気持ちがまったくわかりません。私の言うことに聞く耳を持ってくれない孫にどう指導したらいいのか」

と言う70代からの相談がありました。

娘は、孫が1歳のときに離婚して実家に戻ってきたそうです。以来、忙しいお母さんに代わり、祖母である相談者の女性が母親のように育ててきています。ただ、孫は大学生になり、親離れ、おばあちゃん離れをしています。これは実に自然の摂理でしょう。

聞くと、バイトも週に3、4回こなしているので、バイトから帰ってきて出かけることも多いようです。母親とはラインで連絡を取り合っているのに、自分のラインには、ときどきしか返事がこないことも相談者の不満材料でした。

私は相談者の女性に質問しました。

「忙しいお嬢さんに代わって孫の面倒を見てきて、お嬢さんはあなたに感謝の言葉を伝えましたか？　これまでありがとう、長生きしてね、など言ってくれましたか？」

「いいえ、一切そういう言葉はないです」と、その女性は言いました。

「きちんと感謝してほしいと思っているのではないですか？」

「そうですね……」

相談者は、孫が心配と言いますが、その心配は娘への心配にまで及んでいません。孫が事件や事故に遭遇して娘が悲しむのではないか、ということとも違います。これまで孫が生きる支えだった。その孫が自分から離れようとしている。けれど、娘は感謝もしていない。そこが不満で仕方ない。悩みの核心は娘なのです。けれど、孫が心配という形で悩みが噴出しています。悩みの置き換えをしているのです。悩みの核心を知ることができれば、すっと悩みは解決していくものです。

もう一つ家族にとって大切な「かなめ」の存在の話をしましょう。

子供が成長してくると、一つの家族の行動はみんなバラバラになっていきます。けれども一家に一人「かなめ」になる人物がいるとその家族は一つでいられます。扇子の「かなめ」と同じです。

私は相談者にアドバイスしました。

「辛いと思います。誰でも感謝の言葉は欲しいものです。しかし、ここは耐えて、あなたが一家のかなめになってください」

最後にその女性は悟ったように言いました。

「これからは、あまり心配の連絡を孫には送らないようにします。うるさがられて、ついには連絡がこなくなるかもしれないから」

正しいです。かなめとしてじっと見守れば、きっと大切にされる日がきます。

「怒りの置き換えばかりでなく、人は悩みの置き換えもします。問題は核心の部分を理解することです」

事例は、悩みの「置き換え」でしたが、世間でよくあるのは「攻撃性の置き換え」です。これは、攻撃を本来向けるべき人ではなく、別の人に置き換えて向けることを言います。

ある受け入れがたい感情、欲求があったとき、より受け入れやすい対象に振り向けてしまうのです。

## 無関係な人に攻撃を向ける「置き換え」

不満を持つ人には何も言えないため、そのそばにいる優しい人を怒鳴ることを心理用語で「攻撃性の置き換え」と言います。

例えば「義理のお姉さんが大嫌い」と言っている奥さんがいるとします。実は心の底で憎み嫌っているのは夫です。しかし、夫に依存して生活していますから、敵意を向けることが難しいのです。心理的に楽でいるために、本当の憎しみの対象から眼をそらし、そのそばにいる別の、当たり障りのない人に怒りの対象を置き換えるのです。

また、兄弟姉妹には平等に接しているつもりでも、夫に不満を持ちイライラしている母親は、往々にして優しい子供に刃を向けがちです。食後の洗い物をしている娘に「洗い方が下手」といじめのように言い放つ。このように置き換えが起きると、率先して手伝う優しい娘を怒るのです。優しい子はいじめやすいからです。一方、親に逆らい、お茶碗を洗おうとしない子に対しては、やり合わなくてはならなくなるから叱らないのです。しわ寄せはどうしても優しい子に向かいます。

夫への不満を、子供の受験に置き換えている妻もいます。めったに喧嘩をしないため、仲の良い夫婦と言われていても、子供の受験時にかこつけて過度に厳しかったり、過度に甘やかしていたりします。その背後には夫婦間の矛盾が隠されていることがほとんどなのです。

もちろん逆に夫の感情が子供に向かう例もあります。

「攻撃性の置き換え」をする人は、怒りの矛先を間違えている人です。身近で弱い人を攻撃した方が心理的に楽だからそのような置き換えが起こるのです。

しかしこれを続けていても、本当の問題である悩みは絶対解決できません。本当に嫌いな人を嫌いと認識できていないからです。

「テレフォン人生相談」に電話をかけてくる人は、悩みの本当の原因をそのままにしておいて、悩みを解決してほしい、と要求してきます。それが悩んでいる多くの人の特徴です。しかし、それは無理な相談です。

このように悩んでいる人の多くは、「本当のことに気づくことだけは勘弁してくれ」と言っているようなものです。

「今のままの私で救ってくれ」と言うのです。それは無理です。

今のままのあなたでいる限り、悩む以外に生きる方法はない。もしも救われないのなら、あなたが変わる以外にないのです。怒りの置き換えに気づき、本当に怒りを向ける相手が見えたときに悩みは解決するはずです。

## 書くことで恨みを置き換えた例

こんな事例もあります。

ある母親は、自分の家族を、この上なく平和な4人家族と思っていましたが、ある日、娘の交換日記を読むと「うざい奴はやるしかない」などびっくりするようなひどいことが書かれていました。友達のことを「殺してやる」とも書いてあります。

これは、本来母親に向ける感情を友達に向けている、典型的な「攻撃性の置き換え」なのです。交換日記をこっそり読むような親ですから、娘から憎まれることも多々あったかもしれません。しかし、母親にそんな思いを持ってはいけないことも娘はわかっています。だから本当の気持ちは無意識の領域へ抑圧しているのです。

次に紹介するのは、心を開かない親は家に問題を作る、という事例です。

相談者は40代の女性で、夫、長男、長女との4人暮らしです。

ある日、思春期の娘がノートに残酷なストーリーを書いていることを知ります。

「人間の皮をはぐ、煮て食べる」というようなことです。

相談者はびっくりしましたが、勉強が厳しい私立の学校に通う娘にノートを読んだことを言えません。夫にも報告できません。そして、相談者は本当の自分の思いを伝えることができないままに、立派な妻や母親を演じ続けていました。

実は、娘の書いている残虐な殺人事件の犠牲者は相談者である母なのです。娘は母に憎しみを持っているのです。「ママは表面的には立派な母親だけど裏では違う」と見抜いています。でも娘もそれを言うことができません。だから残酷なストーリーで書いているのです。そのような残酷なストーリーを書かなければ、娘は不登校になっていたかもしれません。

また、この母親は、置き換えに気づき、「殺人事件の矛先は私」と認めれば、娘の不満は何かということに気づくことができたはずです。

# あなたが変わろう

アメリカの偉大な精神医学者デヴィッド・シーベリーは、「どうにもならないときは、あなたが変われということのメッセージだ」と言っています。

そうでなければ、悩んでいる人は、死ぬまで悩んでいることになります。悩みを持つ相談者は「あなたが変われ」というメッセージを拒否してしまうからいつまでも悩むのです。このことがつまり「攻撃性の置き換え」なのです。

そういう人は、自ら乗り越え、成熟することを拒否しているのです。しかも無意識で成熟拒否をしています。つまり自分が成熟拒否をしていることに意識の領域ではまったく気がついていません。

自分は正しく、成熟していると思っているわけです。

「何か心配ごとがあるときは、常に、自分が回避している中心的な事実があるのです。その中心的な事実は、あなた自身を変革せよ、という要求をします。その要求は何度もあなたの前に現れるはずです。」（注1）

無意識の成熟拒否、これがトラブルの一番の原因なのです。

# 夫婦不和の矛先は…

前述しているように、「攻撃性の置き換え」とは、「ある受け入れがたい感情や欲求を、より受け入れやすい関連のある対象に振り向けること」です。「あいつが許せない」。しかしその「あいつ」が強い。そこで自分より弱いと思える人の些細なことを取り上げ別の人へ向けて「おまえを許せない」と攻撃性の置き換えをします。

例えば「学校の悪口を言う保護者は、夫婦関係がうまくいっていないことがよくあります」と述べた先生がいました。これは多いにありうることです。配偶者に敵意を持つことは自分の社会的な身の安全という意味でとても危険です。安定した家庭が壊れる可能性すらあります。そこで危険のない学校に敵意を置き換える。怒りの矛先を学校の先生に向けるというわけです。

隣の家に敵意を持つ場合も同じです。夫婦関係がうまくいっていないので、責めやすい隣人を責めるのです。隣の家にある綻びを見つけて、放っておけなくなるのです。

それは、心理用語で「対内結束」と「対外排斥」が同時に起きることを意味します。実は、真の攻撃対象に攻撃性を向けることができれば、解決の糸口が見えるのです。憎い人に対して、向き合えない人は、ある日、きちんと向き合い、真実の気持ちを伝えることができれば、その人の心は成長できます。

## 間違った置き換えは人をますます不愉快にする

放り投げることをダンプすると表現しますが、マイナスの感情を誰彼構わずダンプする人がいます。これも「攻撃性の置き換え」です。マイナスの感情をダンプしている自分を自覚していればよいのですが、関係ない人へ向けてダンプしていることに気がついていない人がほとんどです。それがどころか相手を「駄目な人間」と決めつけ、攻撃力を増していきます。そして当人もますます不愉快になっていく。それは自分が攻撃するべき人を攻撃していない、どこまで負の感情をぶつけても解決することがない、ということに気づいていないからなのです。

一旦相手を責め始めると、相手がますます「けしからん人物」に思えてきますし、相手を攻撃することが正当なことに思えてくるものです。

ジョージ・ウェインバーグが言うように、一度行動してしまえば、その理由を心が受け入れる仕組みなのです。

「本当の原因は何か？」「悩みの真の原因を考える」。

それが「テレフォン人生相談」です。きちんと筋道をつけて考えると「悩みの本当の原因を知ることをブロックしているのは何か？」ということに思いが及びます。

## 人種的偏見は攻撃性の置き換えにほかならない

人種的偏見、陰口、病気の誇張、わざと失敗して両親に恥をかかせる行動などは、すべて「置き換え」と言えます。

中でも人種的偏見は、なかなか直りません。一度偏見を持ち始めた人の心に巣食っていきます。しかし、「黒人は」「アジア人は」「黄色人種は」と言うけれど、そのことが問題ではありません。「なぜ直らないか？」というと、本当の原因は人種問題でないからです。

例えば、小さいころから権威主義的な親に押さえつけられて大きくなった人がいるとします。子供は親に対して、敵意を持つことが難しいので、それまで溜まっていた親への隠された敵意を何かに置き換えたくなります。それが人種的偏見として表面化する場合もあるのです。

本当に人種が問題なら、きちんと頭で考えることができれば、問題は解決するはずです。なんの罪もない人を人種によって差別をしてよいはずがないからです。けれど、それが「置き換え」による感情である場合は、根が深く、偏見を取り除くことが難しいわけです。

置き換えをすることは簡単です。置き換えをして、人として成熟することを拒否した人は、いくら怒りを強く持っても、怒りの矛先が違うために、心の葛藤や問題は解決しません。

人種的偏見の本当の問題は、夫との関係か、上司との関係か、親との関係か、恋人との関係か、友達との関係か……。何かはわかりません。しかし本当の問題は別のところにあることは確かです。

## 長く蓄積され正当化されていく「置き換え」

攻撃性の置き換えと言っても、たまたま突発的な感情の八つ当たりみたいなことならまだいいのです。心の中に蓄積された憎しみ、怒りに「置き換え」が起きることが大きな問題なのです。

小さいころからのさまざまな体験を通じて、扁桃核（脳の神経細胞の集まりで、感情の起伏や記憶をつかさどっているとされている）に感情が蓄積されています。この心の底に溜まった負の感情を置き換えてしまうことが非常に問題です。この類いの攻撃性は、自分の社会的安全を脅かすことになります。ですから、無意識のうちに、別の方向へ追いやるのです。

前述したように、例えば夫への不満を、受験期の子供に向けて置き換える奥さんがとても多いことに驚きます。

異常に教育熱心なママになって、自分は立派な親だと思うのですから、置き換えが起きやすい事例です。いわゆるお受験ママと言われる人です。子供に厳しい要求をします。子供の現実の能力や子供の適性を無視し、猛烈な要求をするのです。漢字が書けないから折檻しました、というようなことが新聞に載ることがあります。それは氷山の一角に過ぎません。

こういった子供への矛先が複雑なのは、怒りから発した「攻撃性の置き換え」を続けていく過程で、別方向へ合理化されてくることです。例えば躾《しつけ》とか、子供の将来のためなどというように。子供への攻撃性は、正当な要求に変装するのです。怒りだったものが、教育熱心という言葉によって正当化されます。そうなってくると、本当の悩みの核心から遠ざかり、わからなくなっていくのです。

ですから、「体は今ここにあるのに、心はどこか知らないところにある」というのと同じで、非常に複雑になります。これでは悩みが解決できるわけがありません。

小さな子供が喧嘩をして、親同士の喧嘩に発展してしまう、ということも、置き換えが起きていることが想定できます。

子供同士が遊んでいて、一人がもう一人のおもちゃを壊したなどという場合です。壊された方の親が、「目撃者がいる」などと騒ぎだして、社会的事件のように発展してしまうことがあります。実はそういう問題じゃないのです。小さな子供が遊んでいて、おもちゃを壊しただけの話なのですから。

しかしそれを社会的事件のように、大袈裟に扱う。その場合、その奥さん自身の本当の攻撃の相手は夫であることがほとんどです。でも本当のことを意識するのはその奥さんにとって危険です。しかし、自分の子供のおもちゃを壊した子供の方に攻撃性を向けるのは、安全です。攻撃は正当性という形に変装します。だから平気で相手の家に怒鳴り込み、蓄積されている鬱憤を晴らすのです。

子供の喧嘩なのに、親の喧嘩にして攻撃態勢に入る。子供をだしにして親の感情を噴出させる。そして、受け入れがたい感情より、わかりやすく受け入れやすい感情に合理化してしまう。だから、些細なことを取り上げ、「おまえは許せない」と、過度な怒りに発展するのです。

もしも本当に大問題が起きて、「許せない」と言っているときは、問題は大きくても、心理的にはあんまり深刻ではありません。本当に大きな問題の場合は、許せなくても仕方ありません。しかし、はたから見て、非常に些細な問題なのに「許せない」と言っていることが、極めて深刻なのです。

ある夫婦が離婚するというとき、はたから見ると些細なことが理由にしか思えなくて「なんでそんなことで離婚するのだろう？」ということがあります。しかし、些細なことの結果が深刻な離婚に発展した場合、実はものすごく根が深い場合が多いのです。蓄積された問題が、些細なことに置き換えられた結果なのです。隠されながらも蓄積されてきたさまざまな問題が、離婚のような大きな問題に発展するのです。

# 外面が良く、内面が悪い人

外面だけ良くて、内面が悪い人はたくさんいます。

例えば、上司や同僚に対する憎しみを抱えている場合。会社でそれを表に出すのはまずいので、それを押し殺しています。その代わりに、家に帰ると妻に辛く当たるのです。

こういう人は、自分に対するリスペクトがありません。同時に他者をリスペクトする心もありません。非常に即物的な反応しかできない人です。外の人に対しては卑屈なほど迎合し、言いなりになり、自分の当然の権利を放棄するかのように、してあげる必要のないことまでしてあげます。

そして自分の一番近い配偶者などに対しては、凶暴で権威主義的なサディストになるのです。配偶者の人間性を認めません。周囲の人たちの犠牲になることを当然のように要求します。

それは実は外の人に対する敵意を抑圧して、それを一番近い配偶者に置き換えているから起きることなのです。

ジョージ・ウェインバーグ流にこの「外面が良くて、内面が悪い夫」を解説するとすれば、「上司や同僚を叩きたい夫は、その代わり妻に辛く当たります」となります。外では気が弱くて自己主張一つできないくせに、家では凶暴な夫がたくさんいます。

そのように凶暴な夫は自分の父親を憎んでいるのか、母親を憎んでいるか、それとも友達を憎んでいるか、どこかに憎悪を抱えているのです。しかしそれを自覚するのが怖い。そこで自分を見捨てない妻にその怒りを置き換えたわけです。

外で弱い夫は家で凶暴になるのです。「テレフォン人生相談」をしているとつくづく感じるのは、日本の夫には、このタイプがあまりにも多いということです。

妻からすれば「あんなに外の人に気を使うのに、どうして私にはその百分の一でも気を使ってくれないのかしら」となります。それよりも「どうしてあんなに不必要なまでに外の人に対しては自分を譲ってしまうのだろう」ということでもあります。そのような夫は、相手の期待に応えるために自分をどこまでも犠牲にします。

とことん自分を犠牲にして相手の期待に応えようとする人がほとんどです。

その極端な自己犠牲タイプの夫がひとたび妻に対すると、極端な攻撃的自己主張型に変わる。妻の言葉で言えば、「あそこまで気が弱く自分を譲ってばかりいる人が、なぜ突然、自分に極端なまでの犠牲を当然のこととして要求してくるのだろう」という疑問になります。

敵意は置き換えられて、弱いものに向けられます。

この置き換えとサディズム的傾向が合体すると、ひどいいじめへと発展します。弱いものを嘲笑することで、自分の心理葛藤を消化しようとするのです。

強者への服従と弱者への支配が権威主義的人間の特徴とも言えます。

「中学生のときに喧嘩で殴られた同級生への怒りが未だに消えず、夢にまで出てきます。どうしたらこの怒りを消すことができるのでしょうか」と言う50代男性からの相談がありました。

喧嘩相手を仮にKさんとしましょう。Kさんと相談者は小学校時代から付き合いがあり、小学校時代の相談者はKさんの家来のような存在だったそうです。Kさんに対して自分の中には我慢や怒りが溜まっていて、それが中学生の喧嘩で一気に噴出しかけた。けれど、うまく抵抗することができず、一発殴られ、鼻血を出しておしまいになってしまった。はたから見れば、中学生の喧嘩です。でも相談者は50を過ぎてもそれを忘れることができないそうです。

聞いてみると、彼は小さいころから父親にも言いたいことを言えず、反抗もできずにいたと言います。彼の中には隠された怒り＝Hidden angerが渦巻き、怒りと抑圧の歴史として刻まれ、敏感性性格と呼ばれる状態になってしまっています。

また彼は怒りの「保持能力」が高く、頭にくることがあると、それが心からなかなか消えてくれません。例えば職場で些細な衝突があってスイッチが入ると、誰にもあるような些細なことでも過去の怒りの記憶が非常に強い形で呼び覚まされます。ですから、不釣り合いなほど怒ってしまうことがあるのです。これまでの人生、決して心穏やかではなかったことでしょう。

ではどうすればいいのでしょうか。

まず、自分をしっかりと理解することです。彼は、自分には過去の怒りを消すことができない、という認識があります。ACE性格は怒りを消し去り、悩みを解決する大切な要素であることは前述しました。ACEのAはAttentionですが、相談者は、自分の感情に注意を払うという部分はクリアできています。次のCはConnectionで、怒りの原因を理解できていることを意味します。これはこの「テレフォン人生相談」の回答で過去との因果関係が紐解かれ、理解できたはずです。そして次にくるのがE＝Expression（表現すること）。彼の課題はまさにこの表現することにあります。

中学生のときの喧嘩で、殴られたことに対する抗議ができなかった、彼は実はそのことに怒りを感じています。何かあったときに、自分の思いを吐露できない、抗議できないことが、怒りの根深い原因にもなっているのです。

解決方法の一つに、ライティングがあります。日記のように、自分の気持ちを包み隠さず順序立てて書いてみることです。例えば「こんなふうに殴られた」「殴り返せなかった、弱い男は恥だと思った」「しかし、それは決して恥ずかしいことではない」というように。

誰かに面と向かって言えなくても、自分の怒りを分析し、書くことはとても大きな癒やしになります。日頃から自分の気持ちを書いていると、相手に対してもきちんと自分を伝えることができるようになるはずです。コミュニケーション力をつけていくことで、いつの間にか彼の怒りも消えていることでしょう。

「コミュニケーション能力とは、自分の怒りをうまく表現できることです」

## 仕事で成功し人間関係で失敗している人

英語の論文によく出てくる言葉があります。

「Success in business, Failure in relationship.」

仕事での成功、人間関係の失敗という言葉です。

これは、社会的には非常に成功しているが、実は、家族など、プライベートで近しい人たちとの関係に失敗していることが多いという意味です。

こういう人は小さいころの人間関係の中で、隠された劣等感を抱えていることがしばしばあります。常に不安を抱えているのにタフな人間のふりをしています。実は、弱さを自覚している人こそが本当に強い人と言えるのに、こういう人は往々にして弱さを無意識に隠しています。

こんな事例があります。

自宅の2階で子供を蹴り飛ばすことをやめない父親がいました。子供が大声で泣いても、母親は1階から助けに行こうとしません。

父親は有名銀行の支店長で、母親は難関国立大卒でした。子供は土日がイヤだと言います。母親はそんな子供が嫌いです。いつもイライラして表情は無気力で姿勢もだらしない。

自分に直接関わりのないことでも、何事にも批判的になります。つまりこの母親は心の底に敵意を抑圧しているのです。

一方、父親は睡眠薬を飲んでいました。この父親は、子供に暴力を振るうことで自分の感情を晴らしています。つまり攻撃性の置き換えです。

これが社会的に成功しているが絶望している家族です。

人種的偏見から始まり、兄弟のあら探しをすることから、内面と外面がまるで異なることまで、実は同じことが起きているのです。本当の原因は無意識のどこかにあります。心の底の、そのまた底に溜まっています。しかしそれを意識するのが怖いのです。

# 置き換えのループの中の暴走族

周囲に騒音をまき散らし危険な走行を繰り返す暴走族もこの範疇です。

権威や社会に反抗しているつもりでも、実は父親への隠された怒りが隠されている場合があります。しかし、権威主義的な父親への怒りを直接ぶつけられません。そこでイライラや怒りを社会にぶつけていくのです。

このように不満の置き換えから集まる暴走族は、仲間同士は、お互いに嫌い合っていることが多いのです。仲間になった本当の理由は、自分の心の葛藤にあるからです。

満足している少年ならこうした集団は作りませんし、そうした関係はいりません。

暴走族は、権威的な父親への不満を権威や社会に向け、同時にお互いを嫌っています。でもお互いに離れられないから、その鬱憤は、憎みやすい弱い立場の家族、母親や兄弟姉妹に置き換えていきます。そんな理不尽なループの中に閉じ込められています。

かつて暴走族だったけれど、年齢を重ねて心理的に安定し、立ち直り、成長した人もいます。そうした人と話すと、「高校時代の仲間のことは、本当は好きじゃなかったのだと、気づきました」と言います。「だけど、あのときは親友だと信じきっていました」と言うのです。

なぜ、そのようなことが起こるのでしょう。それはやはり、仲間がいない独りぼっちが、誰もが心理的に怖いからです。たまたまそこにつながることのできる仲間がいると、それを自分の本当の友達だと思う。その方が心理的に楽だからなのです。

それは決して特殊な例ではなく、かつての暴走族に話を聞くと、似た想いをしている人がたくさんいることがわかります。つまり、本当は嫌いなのに、好きだと思っているわけです。

本当の憎しみの対象から目をそらし、心が空虚であれば、孤独が怖くなります。要するに、何かから逃げているのです。何か真の現実から逃げていることにほかなりません。

だから、関係性に小さな綻びができると「あいつを許せない」となります。そしてそんな強そうなことを言っていても、何かあるとすぐに逃げるのが定石です。そんな少年は、仲間を嫌う以上に、実は自分自身も嫌いです。自分自身が好きで自分に自信を持ち、満足している少年なら、無理して集団は作りません。そうした関係はいらないのです。

## 母親と娘の関係

ある女性が、隣の家のテレビがうるさいということで、大騒ぎした事例があります。周囲は、住宅が密集している都会に住んでいるのだから、テレビの音ぐらい我慢すべきと言い、「あなたはわがままだ」と言いました。

でも、本当はわがままから「うるさい」と言っていたわけではありませんでした。よく調べると、彼女は結婚前、母親とべったり離れがたい関係だったようです。

結婚して、やっと母親から離れることができたと思ったら、なんと母親がしょっちゅう家にやって来て「この棚はこうしなさい」「この料理はこうしなさい」と命令します。それがたまらなく嫌なのに、お母さんを嫌うのは、良くないことだと思っています。良識や規範意識に反することはできません。そうなると、そのお母さんに対する攻撃性を、隣の家に向ける。それで、「テレビがうるさーい！」と尋常ではない騒ぎ方をしてしまうのです。

その女性はわがままなのではなく、不安なだけなのです。

不安というのは、敵意を抑圧したときに生じてくるものですから、なんとなく不安に包まれるのです。

アメリカの心理学者ロロ・メイは、不安な人というのは、大量の敵意を抑圧している、と言っています。神経症的不安は現実の危険はないのに、不安になります。自律神経失調、鬱、不眠症、燃え尽き症候群……神経症はいろいろありますが、これらはすべて不安な心を抱えています。そしてその不安の出どころは「敵意の抑圧」です。無意識では誰かを憎んでいることから始まるのです。

## 子供は怒りを自分に向ける

児童心理学や育児研究家として非常に大きな業績を残したジョン・ボールビーは、「見捨てるという脅し」に着目しました。
「見捨てるという脅しは子供を激しく怒らせます。しかし一方で、子供が怒りを示すことで見捨てられるのであれば、子供は決してその怒りを表しはしない。」(注2)
親に対する怒りは抑圧されるのです。すると、不安な気持ちが起きます。だから、風が怖い、暗闇が怖い、小鳥が怖いと言い出すのです。

深刻なのは、攻撃性をどこにも向けられないときには、自分自身に向けられることです。自分自身への攻撃とはどのようなものでしょう。

例えば、「過度の良心」がその一つです。本当は、良心は必要ですが、いきすぎると、それは「自分を責める」行動と同義です。本当は、誰かを責めたいのですが、しかし、誰かを責めているというふうに意識するのが怖いから、最終的に自分に向ける、これが「自責」です。「俺が悪い、俺が悪い」、「私ってダメなのよ」としつこく言っている人で、本当にそう思っている人は、ほとんどいないでしょう。

例えば、そう言っている人に、「よく気がついたね」と言えば、必ず怒ります。「早くダメでないって、言えよ」という要求なのですから。自分を責めていても、本当は他人を責めていることが多いのです。

このように、自責からくる「過度の良心」は、偽装された攻撃性であり、偽装された虚栄心です。良心のかけらもなくて、自己中心的であることは確かです。

「規範意識過剰」、つまり、過剰に社会的ルールを守らなくてはいけない、という人も、自分の心の底に潜む真実に気がつくのが怖い人と言えます。また、うつ病は攻撃性を自分に置き換えている人です。

今述べたように過剰に規範意識が強い人がいます。あるいは、寂しさなんていうのもそうで、理由もなく、何か寂しい人は、自分を責めていることが多いです。

ちゃんと理由があって寂しい人は別です。例えば、高等学校を卒業して、地方から東京に出てきて、仲間はみんな故郷にいて、自分は一人だ、これはもう理由がある。そういう特別な理由がなくて、なんとなく寂しいと言う人がいる。

「sadness to a transformation of anger turned inwards.」

これは、フロイトの言葉ですけれど「transformation」が出てきました。このtransformというのは、人間を理解するときに必要な言葉です。非常に大切な概念です。

人の心はtransformしやすい。攻撃性なら攻撃性を本当のその人じゃないところに置き換えてしまいます。「anger turned inwards」というのは、怒りを内に向けたものだ、ということです。本当は外に向けているものをinwards＝内側に向けたものだ、こういうことはよくあります

暴飲暴食をする人も、そうです。自分を攻撃している。「なんだか知らないけど、暴飲暴食しちゃってどうしようもない」と言う人もいます。それも攻撃性を自分に

向けていることなのです。

何か自分が許されていない、いつも責められている気がする。何か悪いことをしているわけではないのに、自分が許されていない気持ちになってしまう。いつもそわそわして、理由もなく焦っている状態ですね。

それを心理用語では「偽りの罪責感」と言います。そんな罪責感を持つような必要がないのに、罪の意識を持ってしまう人がいます。

こんな事例がありました。受験シーズン真っ最中に、ある受験生が、自分の隣で受験していた人が落ちた、それは自分のせいだと悩み、私のところに来ました。

状況を詳しく聞くと、受験会場で隣の人と話していて、自分の高校を言ったのだそうです。すると、その高校が名門の受験校だったから、それに驚いて、あいつは混乱して、試験がうまくできなくて落ちたんじゃないか、と言うのです。あいつが落ちたのは俺の責任だと、とめどなく話します。愚痴だか後悔だかわからないことを延々と言っていました。

話を聞いている私は次に授業があるから、早く教室に行きたいのだけど、話が終わりません。そういう人は、私に迷惑をかけていることに気づかない。本当の罪責感に対しては非常に無関心なのです。

怒りがturned inwards、つまり内側に向いていくとき、偽りの罪責感は非常に強くて驚かされます。

## 本当の原因は何か？

最近、パワハラが問題になっていますが、部長がいじめるのは、誰でも彼でも、というわけではありません。必ず、いじめる部下を選んでいます。誰をいじめたら安全かということを見極めます。パワハラをする上司は、この部下はファイトバックしてこないとわかってから、いじめるのです。いじめても自分に対して害のない人をいじめている。

攻撃性は安全なところに向けられる良い例です。「こいつ、いじめたって大丈夫だ」と思った人に向かって攻撃性を向け、いじめるのです。いじめる人は、必ずいじめる相手を選んでいます。

「ずるさは弱さに敏感である」という言葉は名言です。そのことにいじめる側もいじめられる側も気がついていないのです。

いじめられたときに一番大切なのは、「なぜ自分がいじめられたか？」ということを、理解しようとすることです。そこをはっきり自覚することが解決への道です。なぜ、自分はいじめられたか、こう自分に問いかけることが、いじめを避ける最良の方法なのです。

ところがいじめている側が、「自分はずるい人である」とは決して気がついていない。

いじめられている側は、「自分は弱い人である」とは決して気がついていないのです。

いじめられることをはじめとして、当然、不当な攻撃に対して初めは怒りが湧きます。だけど、前述のように無意識下で抑圧される。これは隠された怒りになり、表現できないままに、悩みに変装するのです。すると根底にある自分の怒りに気がつかなくなります。

この先がまだあります。この隠された怒りが、その人を支配し始めるのです。それが悩みの基本、核心です。悩みの正体は、隠された怒りです。悩んでいる人本人は、それにまったく気がつかない、そういうループに陥るのです。

いつも悩んでいる人は、怒りや敵意や甘えや、さまざまな感情がその人の人格に統合されることなく、人格から分離されて、無意識に存在し続けています。日常生活での人格とは分離された、さまざまな感情がその人が気づかない無意識の領域に存在し、気持ちや行動を支配します。

こういう人が一旦落ち込むとなかなか立ち上がれません。落ち込んだ気持ちをどうすることもできず、やる気が湧いてこないのです。

## 効果的な憎しみの吐き出し方

憎しみの感情の吐き出し方はさまざまですが、吐き出せない憎しみでつぶれた人はたくさん見てきました。

今の子供の無気力には、吐き出せない憎しみが原因ではないかと思われるものが多くあります。

母親も同じです。あるお母さんは「何もしたくない。死にたい」と口癖のように言っています。

大企業の正社員で恵まれた環境にある人がうつ病になり、「死にたい」と言っていることがよくあります。

第三者から見れば、「あんなに恵まれているのに、わがままが過ぎる」としか思えません。経営者サイドは、「こんなに高い給料を払っているのに、他の一生懸命働いている人のことも少しは考えろ」と言います。そして「そんな社員はいらない」と言います。

しかし「死にたい」という言葉は「死にたい」という意味ではない。「あの人を殺したいほど憎い」という意味なのです。殺したい「あの人」は人それぞれですが、身近な誰かであることは確かでしょう。

直接表現されないで抑圧された怒りはどう変装して表れてくるのでしょうか？

それはさまざまな形をした悩みとなって出現します。

敵意を抑圧すれば不安になるでしょう。

極端に親切な行動をとることで、不安を解消しようとする人がいますが、本質的には不機嫌は解消されず、むしろ、かえって不安が増大します。

名誉や権力を得ることで、敵意などの負の感情を抑圧しようとする人もいます。そうするうちに、だんだんと自分が自分でわからなくなります。社会的、肉体的には年を重ね成長しても、「内なる力」はどんどん弱化します。でも、自分がどんどん弱い心の人になっていることに気がつきません。

つまり、何を言いたいかというと、攻撃性の置き換えをしていても、合理化をしていても、悩みは解決できないということなのです。逆に悩みは深刻化します。自己の内なる力が弱化してくるからです。

こういう人は、社会的にはどんどん地位が上がっていく場合が多いので、勘違いしたまま生きていることになります。すでに述べたように、体が今にあって、心が過去にある状態です。この状態では悩みは解決できません。

本当に攻撃している人、憎しみを持っている人と直面し、自分の本心を見つめ、気づかない限り解決しません。

そんな人に思い出してほしいのは、前述したデヴィッド・シーベリーの、「どうにもならないときは、あなたが変われ」というメッセージです。それはつまり、「無意識を意識化しろ」ということです。ロロ・メイが言った意識領域を拡大しろ、ということなのです。

「社会的に表現された攻撃性は、誇大なお世辞、こびること、卑屈さ、過剰な優しさ、

友人や両親への過度の心遣いなどに表れます。」（注3）
これらは、攻撃性の置き換えと反動形成が同時に起きている状態です。二重三重に攻撃性が隠されていて、最も理解されづらいのです。

注1：『How to Worry Successfully』David Seabury, Blue Ribbon Books,New York, 1936『心の悩みがとれる』加藤諦三訳、三笠書房、200頁
注2：『Separation,Volume2』John Bowlby,Basicbooks,A Subsidiary of Perseus Books, L.L.C.,1973『母子関係の理論2 分離不安』黒田実郎、岡田洋子、吉田恒子訳、岩崎学術出版社、278頁
注3：『Masks of Loneliness:Alfled Adler in perspective』Manés Sperber, p.182

# 3章

# 自立したいけど依存したい人の葛藤

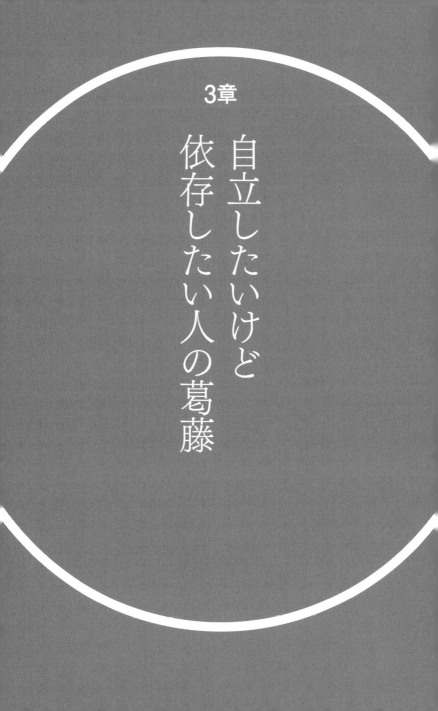

「二度離婚して今は一人暮らしです。1年半前に実家の母から父が倒れたと連絡があり、救急搬送の付き添いをしました。診断はアルコール依存症でした。その後父は退院し実家に戻りましたが、突然テーブルをひっくり返したり、ものを投げつけたりの暴力を振るい、さらに車椅子の母は一人でごはんを作れないのですが、父に放置されるなどして大変な思いをしました。そこで現在は特養老人ホームへの入所待ちです。ようやく最近、父をアルコール依存症専門の病院に入院させることができたのですが、たまに激昂した父から私を責める電話が入ります。私自身、統合失調症と躁鬱と診断されており、足も不自由なので、実家のことを背負いきれません。どうしたらいいかわからず、相談しました」と言う40代の女性からの相談がありました。

女性には、二度の離婚歴があり二度目の夫と別れた原因は、夫がギャンブル依存症になったことでした。

ケースワーカーの人に「遊ばせないあなたも悪い」と言われ、ずっと心に残っているそうです。ケースワーカーが本当にそう言ったのかはわかりませんが、依存症の夫の妻は自分が悪いと思いがちです。しかし、依存症はかかった方が悪いだけで、妻はまったく悪くありません。そこをしっかりと心に刻むことから、もつれた心の糸をほぐし、相談内容を解決していく一歩を踏み出さなくてはなりませんでした。

そして、最も問題なのは、相談者の幼児体験でした。両親は、息子への期待が破れたため、妹である相談者の女性にすべてを託したそうです。勉強はもちろん、武道の稽古までさせられ、常に兄の代用であり、自分が愛されている実感は一度も持ったことがないと言いました。やがて摂食障害まで患います。苦しくて虚しくて仕方なかったのだと思います。それを自己消滅型解決方法と言います。自分が悪いと思い、自分が折れ、自分を無にして解決しようとしたのです。

しかし、私は彼女に伝えました。「あなたは明日から自信を持って、変わってください」「自分を信じてください。太陽は必ず現れます」と。あっけにとられていましたが、最後は「心が軽くなりました」と言って終えました。

「何があっても私が悪いと物事を解決するタイプの人がいます」

# 不安の原因とは

「神経症的不安は、つねに内面的葛藤を含んでいる。」

前出のロロ・メイの著書にこうあります。（注1）

この「神経症的不安」とはどのような心理状態なのでしょうか？

ある人は、心理的にも、あるいは経済的にも相手に頼らなければ生きていくことが難しい。しかし相手のことが大嫌いです。

ある人は、ある集団に属して満足しているように見えます。その集団は神経症的自尊心を満足させてくれるからです。しかしその集団のメンバー一人ひとりを嫌っています。

同様のことは、ロロ・メイばかりではなく、イギリス出身の精神科医ジョン・ボールビーも述べています。

「愛する人物に向けられた敵対衝動が存在すれば、不安はいちじるしく増大することが実証されている」とボールビーは言うのです。（注2）

「孤独」は「不安」の主な原因でしょう。それは孤独な人は心に葛藤を持ちやすいからです。

さらには、いつも不安な人は、エネルギーを生むような人間関係を持っていないとも言えます。心理的に葛藤のある人は心理的に安定しません。すぐに動揺し、冷静さを失って感情に走ります。

そして最も着目しなくてはならないのは、2つの矛盾する感情の葛藤です。それは、自立への願望を持ちながらも依存心を持つ、そのことで起きる葛藤です。

ロロ・メイは述べています。

「臨床的にしばしば観察される現象であるが、反抗的な意味で独立的で孤立した人間は、他の人々と確認された関係を結びたいという欲求と願望を抑圧している。」(注3)

何かに反抗して社会的に孤立した人間は、他の人々と肯定的な関係を結びたいという切実な欲求と願望を心の底に持っている。

「俺は皆に嫌われたい」などと不自然に言っている人がいる。そう言いながら無意識の領域では周囲の人と深い関係を結びたいという切実な欲求を持っているものです。そういう人は、周囲の人が嫌いということは事実ですが、同時に「結びつきたい」という矛盾した感情があるのも事実なのです。

悩んでいる人のパーソナリティは矛盾を含んでいます。そのことを理解しないと、悩みは解決に向かいません。

それが、これから述べる「絡む」「恩着せがましい」といった行動に出る人の、基本的心理なのです。

「人間関係依存症」は、お互いに相手を拒絶しながら相手にしがみついている状態を言います。

普通の敵意とは違い、「依存的敵対関係」なのです。

これは両者ともに自我の確立がないということが原因です。お互いに憎しみで絡み合っています。

孤独を恐れて実際の感情を偽っています。

嫌いなら別れればよいだろうと思うのですが、人は嫌いでもくっついている方を選ぶことが多いのです。小さな子供でも一人で遊ぶよりも嫌いな子と一緒に遊ぶ方を選ぶことが多いのです。最後にはお互いにボロボロになっていきます。

これは人間の悲劇と言えるでしょう。心理的に病んでくると人は嫌悪の対象、脅威の対象にしがみついて離れません。天国を求めながら地獄にしがみつくのです。

あらゆる犠牲をはらってでも地獄にしがみついてしまいます。人が地獄や不幸にしがみつくエネルギーにはすさまじいものがあります。死にもの狂いで地獄や不幸にしがみつくといっても過言ではありません。本当は幸せになれるのに、顔面蒼白になって不幸にしがみついている人の何と多いことか。

私はここ60年近く本を書き続けてきました。無数の手紙で見ず知らずの人から相談を受け、大学の学生担当教務主任という役職柄、学生の相談にも乗りました。そしてラジオの「テレフォン人生相談」も半世紀以上になります。

そんな中で、人が不幸にしがみつくすさまじいエネルギーと姿勢にはいつも驚きを抱いてきました。

そのエネルギーとは何か。人には、負担や先の見えない不安を背負いながらも自己実現に向かおうとする成長欲求と、負担を少しでも避け、安全、安心でいようとその場の思いつきで進む退行欲求があります。この2つの欲求の葛藤の中で、最終的には決して満たされることのない退行欲求の方を満たそうとするエネルギーなのです。

もちろん本人は「幸せになりたい」と口では言います。嘘ではありません。しかし不幸の方が安全なので、まるで、不幸になれないなら死んだ方がいいとさえ感じているような心の持ちようなのです。

それは意識と無意識の乖離とも言えます。退行欲求を満たすことに固執しているのは、その人の無意識の領域でのことです。「幸せになりたい」という言葉の意味は「今の状態から抜け出したい」ということなのに、そのループに入り込んだ人は、不幸から抜け出ることができません。そういう人たちは、もともと幸せを味わったことがないのです。

配偶者や友人や恋人をはじめ、周囲の心理的に健康な人が、不幸な人を幸せにしてあげようと誠意のある努力をしても、最後には諦めてしまうのはこのためです。

私が、心理的に健康な人は、心理的弱者のことが結局は理解できないと言いながら、実際に最後には、心理的弱者自身の努力の必要性を説かなければならないのはこのためです。

悩んでいる人に対して表面で温かい言葉をかける偽善者が世の中にはたくさんいます。偽善者と言っては言いすぎかもしれません。「わかっていない人」と言った方がいいかもしれません。何をわかっていないかというと、悩んでいる人の「地獄や不幸にしがみつくエネルギーのすさまじさ」です。つまり退行欲求を満たそうと固執する心を理解できないのです。

深刻に悩んでいる人を救うなどということは、ちょっとやそっとのことでできるものではありません。それを一生の仕事としている専門のカウンセラーでさえ、時には悲鳴を上げます。

人は、無関心の人に対してなら寛大にもなれます。好きでもない人なら、その人が何をしようとあまり腹も立ちません。また、素直に好きな人となら一緒にいて楽しくて仕方ないわけです。憎しみだけの人なら攻撃して離れればすっきりするでしょう。しかし、そんなふうにすんなりいく人間関係だけではないのです。

## 家庭内での退行欲求

例えば、暴力を振るいながら母親から離れられない家庭内暴力の子供が、心に寂しさを抱えているように、妻をしつこく叱責する不機嫌な夫もまた寂しいのです。寂しいから妻に絡んでいるのです。家庭内暴力の子供が傷ついているように、妻をしつこく叱責する不機嫌な夫も心が傷ついているのです。

つまり自分の「退行欲求」を満たしてくれと要求しているのです。ところがその要求がなかなか通りません。

後者の夫が妻を「叱責する」と言っても自分の不満をストレートに表現するのではありません。それができれば不機嫌にはなりません。他のことを持ち出して妻を叱責するのです。正義に訴える、倫理に訴える、世間の常識に訴える、そうした責め方になります。例えば「おまえは世間知らずだ」というような責め方になります。

相手を責めているというよりも、自分の怒りを正当化している。前章で述べた「合理化」です。自分の怒りの正義へのすり替えをしています。

第三者から見ると何でそんなに責める態度に出るのだと不思議に思えます。しかし妻を責めている夫は、自分の不安感を打ち消そうと必死なのです。心の底で感じていることは「どうしてそんな怖い態度をとるのだ、俺のことを嫌いなのか、そんなことないよな」というような非常に弱々しいものであったりします。

要するに「何でそんな態度なのだ」ということです。だから責めているといってもその姿勢は受け身です。その夫は、誰も自分を守ってくれないと感じて生きてきているのです。だから相手を責めるのは、自分を守っていることにほかならないのです。

先に述べたように、不機嫌な夫は黙っていても、心の中は家庭内暴力の子供と同じです。黙っていても心の中で妻を責めているのです。暴力こそ振るわないけれど、家庭内暴力の子供が母親をしつこく責めるのと同じようにしつこく妻を責めているのです。それは自分が求めている優しさが得られないからです。心理的幼児の夫が求めているのは、母なるものが持つ愛なのです。そのような愛を求められた妻は、夫からの飽くなき優しさの求めに疲れ果ててしまうでしょう。

## 職場での部下の退行欲求

同様のことは、上司と部下の間でも起きます。部下の飽くなき優しさの求めに上司が疲れてしまうことがあります。そして疲れてしまった上司に部下は不満です。

多くの場合、上司は部下の神経症的傾向を理解できていないために、消耗します。もっと言えば、部下も上司もお互いに理解していないと言った方がいいかもしれません。相手を恐れている神経症的な人は相手を理解していません。相手が自分を嫌うことばかり恐れていますが、相手がどういう人かを理解してはいません。

心理的に健康な人が「相手を恐れている」と言うときは相手が自分に危害を加える可能性があるときです。自分より強い人と対立してしまったとき、人は相手を恐れます。心理的に健康な人と神経症的な人とでは、恐れの内容がまったく異なります。

神経症的な人は不満を持つと、感情の処理の仕方がわかりません。心理的に健康な人なら上司とトラブルを起こしたとき、ありのままに上司に抗議したり、同僚と上司の悪口を言って感情を処理したり、お酒を飲んで憂さを晴らしたりするでしょう。しかしそのように対処できない神経症的な人は、感情が鬱積してしまいます。

## 嫌われるという恐れ

嫌われるのではないか、と恐れるあまりに、もっと好かれたいと際限なく要求します。そして繰り返し要求していることを理解していません。さらに言えば、相手が自分を好きでないのではないかと誤解し、どんどん猜疑《さいぎ》心が芽生えていきます。

前出のウェインバーグは「抑圧は相手が自分に何を期待しているかを誤解させる」と言っています。相手を恐れ、相手から好かれることを必要とし、際限なく好意を求めている人がいます。生きていくためには、常に相手の優しい目つきが必要な人とも言えます。

そういう人は、相手の好意を感じる能力が破壊されています。破壊されているという言葉が極端すぎるとすれば損傷を受けていると言ってもいいかもしれません。相手を恐れているから、いつもびくびくしている上に、自分の求めているものを相手が与えてくれるかどうかいつもびくびくしています。そして自分に好意を持っているかどうかいつも相手の顔色を窺っているのです。

だから相手の何気ない言動を自分に対する批判と受け取りがちです。相手に気に入られることが重要であればあるほど、相手の些細な言動まで自分に対する批判ではないかと受け取ってしまうのです。相手に対する恐れとは、正確には相手の悪意に対する恐れです。自分が求めている優しさが得られないのではないかという恐れなのです。

相手にあまりにも求めているから、求めているものが得られないと、自分が責められていると思ってしまうのです。相手の目の動き一つで自分を責めていると思い込みます。自責の念も持っているから、ここまで人を誤解するのでしょう。

笑顔、朗らかな声、優しく見つめる目……そのような証拠をいつも探しています。

いわば保護と安全性に対する希求です。しかし相手も人間です。いつもモナリザのような笑顔をしているわけにはいきません。しかし相手が自分に対して好意を持っているという確実な証拠が手に入らないと不安になり、相手は自分に悪意を持っているのではないかと懐疑します。そして求めているものを与えてくれない相手に対して密かな敵意を抱くのです。

実に多くの気真面目な人がこの不安と懐疑の心理に苦しんでいると言えます。不安な人は懐疑する。相手が自分に対して悪意を持っているのではないかと懐疑する人は、それゆえにさらに相手の好意を確かめようとしつこく絡むことになります。絡まれた方は初め好意を持っていても、うるさく絡まれることで初めの好意を失うことさえあるでしょう。残念なことに、かえって求めているものを失ってしまうのです。

## 人間関係依存症の妻たち

30代の女性から、パチンコをやめようとしない夫に関しての相談を受けたことがあります。

最初、相談者は「夫のパチンコの癖が直らない」と言いました。癖と言うと、仕方のないもののように受け取れます。果たしてパチンコは癖と言ってしまっていいのでしょうか。この言い方にまず問題があると私は感じました。休みの日はもちろん、週4日はパチンコに行くそうです。恋愛結婚する前から、パチンコをしているのは知っていたけれど、これほど歯止めが利かないとは思わなかったと言います。「夫は家にいたくないのではないか」と感じるし、夫の全てに不満を感じ、「もうどうでもいいや」となったそうです。

「絶望しているか？」と聞くと「半分そうです」と言います。いろいろと聞いていると夫を悪く言いたくない、つまり夫が嫌いだけれども好きということなのです。

お金がないと生活費を持って出て行ってしまうと言います。最初は「お小遣いで」と言っていたのですが、人生が行き詰まる人は、相談する人にさえ、事実を言いません。取り繕い、何事も「うまく」やろうとし、傷つかないで解決しようとします。スマートに悩みが消える「魔法の杖」を求めます。

この女性も解決のための努力をせず、リスクをとらず、自分が傷つかないために、解決のためのずるい方法を求めています。

相談者は「ゴタゴタが怖い」とも言います。もしそうなら、ゴタゴタが起きたときに別れればよいし、好きでないなら、別れればよいはずです。しかし、別れる気もなく「好きでない」と言い張ります。

「あなたが好きだからパチンコに行かないでね」とは言いません。

自分の心の本心を言わない。嫌われたくないから、言いたいことを言えないのです。本気で行ってほしくないのなら、お金を渡さないべきでしょう。しかし、お金を渡し、我慢し、その結果相手への憎しみがどんどん増してしまいます。

夫に好きなようにさせて、自分は我慢するから憎しみが生まれるのでしょう。

そして夫の側も相談者に恨みを持っているようです。この妻は、パチンコのせいにして、何かを隠しているようです。パチンコを口実にして「夫が嫌い」ということを正当化しています。

同じような矛盾を含んだ相談がありました。

「今、私は、夫の全てが嫌」という相談者が電話をかけてきたのです。

去年くらいから夫のことで悩んでいると妻は言います。同じ部屋にいるのも苦痛なのだそうです。昼間は全然家にいないので、子供たちとの生活は平和ですが、夫の車の音がするとたちまち苦痛になります。嫌いなら別れればよいだけの話です。でもこの妻は夫のことが好きでもあるのです。この矛盾した感情を理解しないと対処の仕方を間違えてしまいます。

「見るのも嫌だけども好き」という矛盾した感情を基礎にした人間関係依存症を理解しないと、この関係は解決できないのです。

夫を嫌いなのではなく、自分が自分を嫌いということもあります。

ドイツの社会心理学者エーリッヒ・フロムは自身の著書で、悪しきことを選択しないで、良きことを選択するために決定的なことは、意識することであるという主旨のことを伝えています。

この相談者が自分の外化という心理過程を意識しない限り、人間関係依存症から抜け出すことはできません。

外化とは、自分の心の中で起きていることを、外の世界を通して感じることです。

## 偽りの優しさ

20代の女性から相談がありました。今付き合っているのは、酒場で出会い、自分が失恋をした痛みを理解してくれた男性で、そこから新しい恋が始まったそうです。しかし、失恋の痛みがなくなってくるとお互いに微妙なずれが生じてきます。そして恋愛が壊れるときがきます。

なぜ壊れたのでしょうか？　そもそもの始まりが間違っていたのです。自分の心の傷を理解してくれたと言います。

相談者は自暴自棄になっていなかったでしょうか？　誰か別の人に誰でもいいから頼りたいという思いはなかったのでしょうか？　始まりの種がどんな種だったのか？　どこから始まったのか？　種が成長していくと、お互いの気持ちの違いがどんどん大きくなっていきます。

自らを尊重できない人は、他人を尊重することもできません。

ロロ・メイは「もしわれわれが自らを尊重できないなら、他人を尊重することもあるいは愛することも出来ない。」（注4）というサリバンの言葉を正しいと主張しています。私もその通りだと思います。

「人間関係依存症」は、お互いに相手を拒絶しながら、相手と別れることが自分のためと思いながら、相手と別れられない人間関係です。単なる敵意とは異なります。

依存している相手に敵意を持っているのです。したがって嫌いだからと言って離れられません。

そうした矛盾を含んだ関係を「依存的敵対関係」と言います。

これは自我の確立がないということです。隠された敵意と隠された恐れに支配されて生きるようになってしまうのです。

「依存的敵対関係」の難しさは、不安が眼に見えないことです。現実の苦しみは眼に見えます。怪我をすれば誰でも「痛いだろうな」と理解できます。失業すれば経済的に大変だろうと理解できます。

心の不安は、自分も他人も理解できないものです。

「依存症的人間関係」においては、お互いに自分も相手も愛していません。

元来、人は自分を受け入れ、自分を愛する程度にしか、人を受け入れ、愛せないものです。

不安にさいなまれ自信喪失した親は、子供を尊重することも、愛することもできません。しかし親は子供にしがみつき、子供から愛を搾取しながら、子供を尊重していると思っています。

他人を世話することで、自分の人生に意味を感じようとしています。その人にとっては、他人を巻き込むことが、他人を世話することなのです。

問題は、他人を世話するという行動ではなく、他人を世話する際の動機です。自分の無意識の領域にある「無意味感」から目を背けるために他人と関われば、関わった相手と「依存症的人間関係」になってしまいます。

まさに、「他人とどう向き合うか」ということがその人自身の本来の感情を蹂躙してしまう」例なのです。（注5）

そしてその依存症的人間関係を行動の主軸に据えることで、自分の内面の必要性を放棄してしまうことになります。

それはどんな状態でしょうか？

まず、自分自身の心の支えがなくて、自分に頼れない状態です。常に人に頼っていて、自発性、積極性、独立性が養われません。

そんな人は自分自身でエネルギーを生み出せません。誰かに褒めそやされることでエネルギーが生まれ、その人が自己愛的エネルギーの供給源となっていきます。

大人になっても常に「愛と保護を希求」しつつ、その裏でその人を恐れるような人間関係が生まれてしまうのです。

## 不安と不満

私は1964年に初めて単行本を出版し、以来、半世紀以上悩んでいる人と直接接してきてつくづく感じることがあります。それは「死んでも不幸を手離しません」という人でこの世の中はあふれている、ということです。

ではなぜこうなるのでしょう？

それは、人が最も恐れるのは不幸ではなく、不安だからで、人が最も求めるのは幸せではなく、安心だからなのです。

不安から逃れるために頑張る努力やエネルギーは、実は不幸になるための努力やエネルギーなのです。

だから不安な人は頑張って不幸になるのです。

お金で幸せになれないとは誰でも知っています。

権力で幸せになれないとは誰でも知っています。

名声で幸せになれないとは誰でも知っています。

それでも人は社会的成功を求めるものです。

人が生活に必要ない大金を求めるのは、お金で安心できると思うからです。それは不安から逃れるためです。安心への願望は全てに優先するのです。

怒りを直接的に表現できずに、攻撃性の置き換えが起きることは前章でも解説しました。これは、怒りを直接表現して相手との関係が壊れることを怖れるからであり、やはり恐れに起因しています。

この状態が、ドイツの心理学者フロムの言う「軽い不安感と抑うつ状態」です。「依存性抑うつ反応」とも言えます。

例えば、今接している女性との関係がスムーズにいかなくなっても、改善しようとせず、かといって別れようともしない男性は、「軽い不安感と抑うつ状態」に陥っていきます。心理的に依存しているから、自発的に関係を改善する努力ができないのです。

褒めてもらえると期待したら褒めてもらえなかったというようなとき、不愉快になって落ち込み、さらに「軽い不安感と抑うつ状態」に陥ると、被害者意識を持ち、他罰的になります。同時にいよいよ自信をなくしていくのです。

それは、その男性が、要するに母親固着から抜けられていない状態です。

「自分を慰め、愛し、賞賛してくれる女性が必要である、母親の様に保護し、養い、世話をしてくれる女性」（注6）がそばにいないと元気が出ない状態なのです。

注1：『The Meaning of Anxiety』Rollo May,W.W.Norton & Company.Inc.1977 『不安の人間学』小野泰博訳、誠信書房、170頁

注2：『Attachment And Loss Volume2』John Bowlby,Basicbooks,A Subsidiary of Perseus Books,L.L.C.,1973 『母子関係の理論2 分離不安』黒田実郎、岡田洋子、吉田恒子訳、岩崎学術出版社、283頁

注3：『The Meaning of Anxiety』Rollo May,W.W.Norton & Company.Inc.1977 『不安の人間学』小野泰博訳、誠信書房、174頁

注4：『Love and Will』Rollo May,Dell Publishing Co.INC.1969.『愛と意志』小野泰博訳、誠心書房、109頁

注5：『Neurosis and Human Growth』W.W.NORTON & COMPANY, 1950.p.21
注6：『The Heart Of Man』Erich Fromm,Harper & Row,Publishers,New York,1964『悪について』鈴木重吉訳、紀伊國屋書店、131－132頁

# 4章

# 不幸はまき散らされる
# 〜心のマスクを忘れるな〜

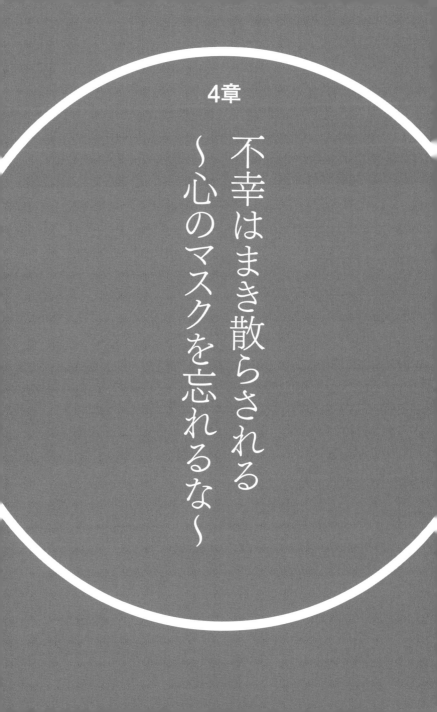

「両親が他界し心が空洞のようになってしまったのですが、それでも支えてくれたのが妻の存在でした。ところが、いつまでたっても立ち直れず、将来のことを一切考えられなくなっていた私に今度は妻が愛想を尽かし、離婚してほしいと言われました。私は思いとどまってほしいと思ったのですが、先月、離婚してしまいました。寂しくて、ふとしたときに、死んだ方がましではないか、と考えている自分がいます」と言う30代半ばの男性からの相談がありました。

親しい人が一人もいなくなってしまったのですから、それは辛いです。死にたいと思う気持ちもとてもよくわかります。しかし相談者は両親を亡くしたあとも、仕事はきちんとして、そこまで生活を崩していたわけではないとも言います。

妻だった女性との結びつきが浅かったのかもしれないと思い、聞いてみると、出会って半年で意気投合して結婚したそうです。本当の意味で愛し合って結婚したというよりは、お互い寂しくて結びついたのかもしれません。

相談者は30歳を過ぎて寂しさを紛らわすために結婚したのでしょう。長男である相談者は末期ガンの母親に自分の孫も見せたいという焦りもあったようです。けれど結婚したその日から心の底の底では孤独を痛切に感じ始めていたのでしょう。女性の方も、結婚を奨励する社会的圧力もあり、いろいろな意味で満足を求めて結婚したけれど、結婚したその日から求めても得られない不満がふくらんでいったのではないでしょうか。

不幸に遭遇したとき、すぐに元気になる人となれない人がいます。柔軟にいろいろな視点を持てる人は心が回復しやすいけれど、相談者の場合は、どうも視野が狭く価値観が硬直していて、柔軟性がありません。その原因はもしかしたら幼少期にあるのではないかと思い、聞いてみると、父親が出張で大半を留守にしていたということでした。

そこで彼は母親に父の代用として、過剰な愛を注がれ、過干渉に育てられたそうです。しかし、「過剰なる虚偽の愛は、真実の愛の欠如より問題がある」と言われているくらい、彼は問題ある状況で育ったのです。母親の寂しさを埋める存在だった相談者は、生まれてから一度も自分の心の底と向き合わず、むしろ自分の心の傷を癒やすためだけに生きてきたのです。

相談者は、自分では防御することができない幼少期に、母親の「満たされない心」に巻き込まれて育ちました。母親が自分の気持ちを活性化する道具として利用されたのです。その連鎖で、今度は新しく家族になった妻を真正面から愛することができず、どこか空虚な夫婦であったのでしょう。

しかし、そのことを自覚すればもう大丈夫です。今後は、母親から自立し、自分の心にマスクをして防御し、その呪縛から解き放たれることです。本当の自分を知ったことで試練が待っているけれど、これから、彼の人生は大きく開かれていくはずです。

「自分の人生を活性化する最も安易な方法、それは他人を巻き込むことです」

自分の人生を活性化するために不幸をまき散らす人がいるんです。幸せになるためには、「心のマスクを忘れない」ことが大切なんです。

## 相互性のない人間関係

人は自分の人生が行き詰まると、自分の人生を活性化するために「相手を巻き込む」ことを始めます。自分が生き延びるためなら何でもする生き物です。

「テレフォン人生相談」の数ある相談の中でも、不幸な人になる典型的なタイプの一つと言えます。

相談者の中に、子育て支援と称して一人で勝手に周りの人に迷惑をかけている男性がいました。

彼は、「今の日本の少子化の原因は、若者が異性との付き合い方がわからないからだ」と言って、若者を集めてパーティを開こうとしました。皆からうるさがられていることに気づいていません。

また、「子育てに悩んでいる母親を助ける」「女性が子育て支援を必要としている」と主張し、子育てのパンフレットを一人で勝手に作って、子育て中の女性の家に押しかけて、「子育てはこうすべきだ」と教えようとして、当然のことながら、うるさがられています。

しかし、その男性は子供の相談を専門とする人ではありません。特別の知識も経験もあるわけではないのです。

人を助けるためには、「人間関係の距離感がわかる」ということが最も大切です。それは常識です。この男性には、その人間関係の距離感がない。相手が自分に何を望んでいるかが理解できないのです。

確かにテレビを見ていると、少子高齢化の問題とともに子育て支援ということが議論されます。それは正しいのでしょうけれども、肝心のことが無視されています。まるで運転できない人が運転席に座り、車のエンジンはこう改良したらいいとか、ボディはこうした方がスペースは広がるとか議論しているようなものです。言っていることが全て実現しても車は動きません。

そういう人は、実は深刻な劣等感を抱いているにもかかわらず、「自分についての耐えがたい感情」を受け入れていないのです。

そこでとにかく人を「救う」ことに夢中になります。相手が助けてもらいたいと思っているのか、と考えることはまったくありません。

自分が「この人を助けたい」と思い、相手は「この人に助けてもらいたい」と思う。それが相互性ですが、相互性のない人は、美徳の陰に、自分の居場所作りをしているだけなのです。

そして自分は、助けを求められるほど誰からも信頼されていないという自己イメージを無意識下に持っています。そしてその自分のイメージを抑圧しています。

抑圧している感情は、「自分には居場所がない」ということです。「実際の自分」を受け入れれば、「本当の自分」に気がつくことができます。それを認めれば居場所はできます。しかし残念ながらそういう人は、「実際の自分」の位置を「認められない」のです。

望ましい人間関係には相互性が必要です。それは、助ける人が、相手を助けてあげたいと思い、助けられる人が「この人に助けてほしい」という欲求のことです。その相互性があってこそ、お互いの心が触れ合う人間関係が成立します。例えば、この子供に介護されたい、この親を介護したい、それが相互性です。

「実際の自分」の位置を「認められない」人は、心の底の、そのまた底で自分に絶望しており、そしてその絶望感を抑圧している状態にいます。

そのように自分自身を救えない人が他人を巻き込むことで自分を救おうとするのです。

つまり、依存心の強い人こそ、人を助けたがるのです。相手を助けるというよりも、人から感謝されることを必要としていて、自分の強度の依存心を認めていません。抑圧された依存心や劣等感は、相手を助ける、支援するという美徳に変装して表れます。

憎しみが愛情の仮面をかぶり「あなたのためを思えばこそ」と言いながら、グチグチといつまでも相手を責める人がこのタイプです。自分で自我価値の確認ができないので、他人から感謝されて初めて自我の確認ができるというわけです。

子供の研究家として多くの業績を残したボールビーは「無意識の安心感(Unconscious reassurance)」と述べています。自分が困ったときに、誰かが助けてくれるという安心感がある人は、この無意識の安心感がある人です。裏を返せば、不安な気持ちは、誰かに助けを求めるために発動します。しかし常に不安な人は、心配せずにいることのできる居場所がありません。だから常に人から必要とされることを望むのです。

テレンバッハは、この状態を「自己中心的な対人配慮」と述べています。自己執着的対人配慮です。つまり相手を喜ばそうとするのだけれども、相手のことを考えているわけではないということです。自分が相手から尊敬され、感謝されることを求めているだけなのです。

自分が生きている意味を獲得しかねているから、悩むことで復讐している人も存在します。もともと無意味感を感じるしかないような人間関係の中にいながら意味を感じようとします。だから自分に服従を要求する人から離れられないことがあります。うつ病者を生み出す親子関係もこのカテゴリーに入ります。

また、「あなたさえ幸せになってくれれば私はそれでいいの」と言って、他人に絡むしかない人も同じです。他人を巻き込むことで、自分の無意味感を解消しようとする人がたくさん存在します。

それらの努力は、結果として全て報われない努力であり、服従する方も、最後はうつ病になったり自殺したりする場合が否めません。

そうした人間関係では、憎しみが愛情の仮面をかぶって登場します。「あなたのためを思えばこそ」と言いながら、いつまでもしつこく相手を責めます。

そういう人も意識の領域では、「相手のため」と思っていろいろとするが、相手にとって迷惑なことばかりです。人間関係はいよいよ悪くなっていきます。そして最後は「こんなにしてあげたのに」と恨むことになります。

もしも寂しいのであれば、まず「本当に自分の好きなものを見つけよう」とアドバイスをしたいと思います。もしもそれを見つけることができれば、「実存的欲求不満」にはならずにすむでしょう。

見つけられない人は、前述のように、愛や正義の名のもとに他人に絡み、嫉妬、妬みの心理を激しく持ちます。

不安な人は寂しいから因縁をつけて、関わることまで始めます。

自分が寂しいから、嫁いだ娘の家族に遊びに来てもらいたいと執着している母親がいました。その母親は、娘夫婦が不和だと勝手に決め込んでしまったのです。そしてさらには、孫が可哀想だからと、娘に絡むことを合理化していました。

「孫のことが心配で仕方ない」と口にしますが、実は嘘なのです。無意識の領域では「孫のことが心配で仕方ない」であるが、無意識の領域では「私は今、寂しいから娘家族に遊びに来てもらいたい」と言っています。

この人は単に、孫が遊びに来てくれない高齢者なのです。

自分自身になれない人の愛や誠意は全て偽りです。自分が自分自身になれない人は、虚無感から他人を巻き込んで自分の人生を活性化しようとします。

人は、自分の無力感から、他人を支配しようとして愛と言う名の仮面をかぶってサディストになることがあります。しかも恐ろしいことは、自分がサディストであることに気がついていないし、気がついていても認めないことです。

デヴィッド・シーベリーによれば、全ての悩みの根源は、自分が自分でなくなったことで現れると言います。その通りです。自分に心の支えがないから人に絡み、自己の存在証明は他者の評価に頼ります。自分の人生の重心が他者になっていき、やがて自分が自分を断念している状態になります。

そんな状態で「報われない努力を」することで、人は何を失うのでしょう？

「失うのは、成長への能力そのものであり、かれ自身の肯定的感情を失うのです。」(注1)

カレン・ホルナイが「神経症的非利己主義」という言葉を使っていますが、これは巧妙に擬装された攻撃性です。そして同時に巧妙に擬装された退行欲求でもあります。

「あなたのため」と言いながら、相手を縛る。相手を縛ることで、その人は自分の退行欲求を満足させているのです。

自分の人生を活性化するためには、人の人生を取り込むのが最も容易なのです。

よく言われる台詞は、「あなたさえ幸せなら私はどうなってもいいの」です。あるいは「人間としてあなたを許せない」などです。

子供が親の関心を引こうと親の嫌なことをする。大人になっても同じです。相手の関心を引こうと相手の嫌なことをするのです。そういう人たちは人間関係の作り方、愛の求め方がわからないのです。

人間の世界も心理的には弱肉強食の側面があります。キリンはライオンに食べられてしまいます。他人を巻き込んで、自分の人生を活性化する人がいれば、巻き込まれて自分の人生を失う人もいます。

母親らしさを強調して子供を束縛し、子供を虐待する母親。こうした母親の行動は「強迫性的虐待」で、子供を虐待しないではいられない状態に陥っています。

ボールビーの言う「親子の役割逆転」といわれる現象があります。本来親が子供の甘えの欲求を満たしてあげなければいけないのに、それが逆転している現象のことです。子供を食べることで、親は自分が生き延びるのです。まさに弱肉強食です。

いじめられる人といじめる人、両方とも人生が行き詰まっていると言えます。弱い人の共食いなのです。

このように、人間だけがひねくれます。突っ張り、斜に構え、陰で意地悪をし、愛の仮面をかぶったサディストになり、「あなたさえ幸せになれば」と偽善者になるのです。

支配欲が愛に変装しています。意識の領域ではこれは愛だと錯覚しています。親が心理的に問題を抱えており、それが深刻な心の葛藤であればあるほど深く子供を巻き込むのです。そういう親は心理的に幼稚で、自立できていません。しかし、自分の子供を巻き込んでいれば、他の誰にも手を出せないことも知っています。

自分の子供や他人を巻き込み、心の葛藤を解決しようとしている限り、人生に幅が出ません。自己実現している人とは、人生のあり方が大きく異なります。自分自身の潜在的能力を使って生きる人だけが、生産性のある人生を送ることができます。

## なぜかいつも不機嫌な人

次の例は、攻撃性の置き換えと、自分の人生を活性化するために他人を巻き込むことが一緒になった例です。

20代の娘のことで母親が相談してきました。

娘には結婚を前提として半年間交際している男性がいました。娘には以前交際していた男性がいましたが、今の人と交際するときに、前の人との思い出のものは全て処分したつもりでいました。

しかしたまたま今の男性が家に遊びに来て、アルバムを見ていたときに以前の男性の写真がぽろっと出てきてしまったのです。その男性は「この人は誰だ」と尋ねました。2年ぐらい付き合っていた男性がいたと話していましたが、実は8年付き合っていたそうです。

そこで実は8年だったと正直に言い、「嘘ついてごめんね」と謝りました。ところが男性は「くだらない8年を過ごした」と怒りました。娘が何か話すと「こんな話を前の男性にもしたんだろう」と、ねちねちねちねちねちと嫌味を言います。「両親に言ったらそんな女性とは別れろ」と言われたとか、「嘘をついたことがわかったら私は離婚すると母が言った」などと言い出したそうです。

そこで今度はこの娘の母親の方が「この男性と娘が結婚するのは心配だ」と言い出しました。「嫉妬深いことが一番心配なんですよね」と付け加えました。その後、いろいろあって別れることになったそうです。

状況はこうでした。男性から喫茶店で「別れてくれ」と言われて娘は体が硬直してしまった。救急車で運ばれ、精神安定剤を注射されて何食わぬ顔で帰ってきました。「親を心配させたくない」からでした。

結局この恋愛は、一見、恋人のせいのように見えて、実は母親が干渉して壊したのです。

前の男性とはアルバイト先で知り合い、娘はその男性と仕事が終わってから話をしていたのですが、家には仕事で遅くなったと嘘をついていたそうです。恋人がいるということがわかって母親は「早く帰ってきなさい」と叱ったそうです。そんなにいつまでも引き留めている男性はろくな男性ではないから、ということで、結婚に猛反対したのです。

「親が関係を壊したんですか？」と聞くと娘は「ええ、そうなんです」と当然のように答えました。娘は泣く泣く結婚を諦めたそうです。

この母親は心配しないではいられない人です。「取り越し苦労という言葉が私の性格にはピッタリすると思います」と言います。

確かにこの母親は苦労性と言えます。すぐに意気消沈する性格です。

実はその原因は、この母親の夫に対する隠された不満にあります。母親は夫とのゴタゴタを避けるために自分の感情を偽っているのです。夫の言うことに反対でも、対立することを避けるために同意しているふりをします。そのたびごとに心の底に怒りの感情を溜め込んできました。

夫から軽視されても怒らないのですが、軽視されたことで深く傷ついています。そんな夫との関係で、自分を偽るために憂鬱になっていきました。そして娘の幸福に干渉していくときだけ元気になるのでした。この母親は娘が男性と付き合い出した途端に相手の性格がどうのこうのと言い始めます。結婚の相手が出現するとすぐに横槍を入れます。そして元気になります。今までの不機嫌が直るのです。

この母親は、実は夫との関係の失敗を娘で補おうとしているのです。

このように、自分の人生の意味を見つけることに失敗した人は、他者に干渉することで自分の人生の意味を見つけようとすることが多いのです。

これが不幸になる人の法則の一つと言えます。

自分で自分を嫌っています。幸せになりたければ、そっと嫌いな自分に別れを告げることです。「おまえのためにやってやってるんだぞ」と言う前に、自分が楽しく生きてみましょう。

# 正義や愛情を振るいかざして絡む人

「あなたのため」と言ってしつこく絡む人がいる一方で、革命家と称しているが暴力を振るっているだけの人もいます。

アメリカで集団自殺したヘブンズ・ゲイトの教祖は「真理を実行するために家を出る」と言って家を出ました。（注2）父親としての責任転嫁を「真理を実行するために家を出る」と正当化したわけです。

死ぬまで、正義や愛情の名のもとに相手をいじめます。

不安な父親は、子供を自分の意のままに支配することで不安を逃れようとします。もしくは他人を共生的な関係に保って不安から逃れようとするのです。

「もしわれわれが、他人を自分自身の意志に従わせる以外に、不安から救われ得ないとなれば、不安を和らげる方法はどうしても、本質的に攻撃的とならざるを得ない。」（注3）

不安から、攻撃的になる。その結果、攻撃的性格が「孤立と栄光」に陥る人も多くいます。寂しさから嫌がらせをして絡む。愛情飢餓感から人に絡むのです。

余計なお世話をする人、お節介な世話をする人、そういう人は心の底で人との結びつきを求めています。余計なお世話で嫌がらせのような態度をとることで、敵意や葛藤を回避しようとしています。しかし、そのような嫌がらせをしても満足できません。暴力がエスカレートしていくことと同じです。心に矛盾を抱え、信じる人が一人もいない日常生活がとても虚しく、ますますお節介で嫌がらせのような態度をとってしまうのです。それほど無理をしなくても、案外、欲しいものは近くにあって手に入るのに、そこに気づけないのです。

どんなに自分は正しいと思っても、孤立しているときには「自分は無意識の領域に何か問題を抱えているかもしれない」と考えた方がよいでしょう。

「絶望的苦しみは、その人を他人に対して有毒な人にしていく」のですから。（注4）

## 方向違いの悩みを打ち明ける人

この半世紀、私のところに悩んで「相談」に来た人で、本当に相談に来た人は一人もいません。表面は相談と言いながら、私に絡みに来ただけなのです。

わかりやすい例で説明すれば、次のようになります。

「家がない、家が欲しい」と悩んで「相談」に来た人がいるとします。そこでこちらがこうして働いて、こうしてローンを組んでと相談に乗ったとします。しかし彼はそんなことを聞きに来ているのではありません。

「私はこんなに惨めだ」と嘆きにきているのです。

女性の中には、「私は太っている」という不快な感情から抜け出ようとしない人がいます。表立って相手を非難攻撃できればそのような不快な感情にしがみついていないはずです。

このように慢性的でステレオタイプの不快感情に浸る人は、その武器なしに他人とつき合っていく自信がないのです。「自分は太っているから他人に愛されるに値しない人間」という自己イメージを「他人に愛されるに値する人間である」と一変させることは、生きる上での今までの武器を全て捨てることでもあります。不安なのは当然です。

今までは太っているという悲しさを誇張することで相手を引き留めておくという方法があり、「あなたは私が太っているから馬鹿にしているのでしょう」と相手の態度に絡むことで相手をとどめておく方法がありました。しかし自分の良さを発見したら、そのような方法はなくなってしまいます。

## 毒を放っている人々

常に見えない毒を放っている人がいます。そんな人の周囲にいれば、心のマスクが必要になってきます。

毒とは例えば、親が子供に「あなたは、この家に生まれて幸せよ」と言うようなことです。そういう親は、子供がやがて家から離れていくことを心の奥底で知っています。それを引き留めようと恩を売って、束縛しているのです。

喜怒哀楽のない子供は、感情のない親になっていきます。

例えば、親になって自分の子供が病気で点滴をしているとしましょう。親はそれを見て、「かわいそう」と言うけれど、「かわいそう」という実感がありません。点滴をしている子供の目の前でアイスクリームを食べることができるのです。

自分に絶望している父親がいました。

自分への絶望から「俺は偉いぞ！」と自分の偉さを家族に誇示していました。しかし、家族の反応はありません。

今度は、「俺は外で働いて、辛いのだ」と苦しみを周囲に訴えました。やはり家族の反応はありません。父親の悲しみにも、怒りにも周囲は反応しないのです。

そこに一人だけ反応した子供がいた。最も心の優しい人間です。

父親はその子に集中して絡み、その子をノイローゼにしてしまいました。つまりサディスティックに子供を攻撃し続けたのです。もちろん父親は自分のサディズムに気がついているわけではありません。

愛の仮面をかぶって搾取する。それが恩着せがましさの特徴です。恩着せがましい人は、サディストにほかなりません。

サディズムがサディズムとして登場してくるときにはまだ対処の仕方があります。しかしサディズムが善意の仮面をかぶって登場してくると、対処は難しいでしょう。

「愛はサディズムの口実である」とカレン・ホルナイは言います。（注5）

それはフロムの言う好意的サディズムと同義です。そしてそれは隠されたサディズムです。

「私のところはもめていないわ」と得意げに言った妻がいました。

実は、家族が正面から向き合っていないからもめていないだけでした。この妻も自分の本当の願いに気がつくことが怖いのです。

「あなたのところはいつも、もめているのね」と笑った妻がいました。

その妻の夫は、実は神経科医のところに通っていた。奥さんと気持ちが通わないと離婚を相談に行っていたそうです。自分の本当の願いに気がつかなければもめ事はないも同然なのです。

## 未来への不安が心を壊す

半世紀以上「テレフォン人生相談」をやってきて、ひとつ悩みの法則に気づきました。悩んでいる人は、今の感情をフィードバックしていない、自分自身で認識していないのです。その結果、心と体のバランスが壊れてしまうのです。

赤面恐怖症の人は、自分は赤面するに違いないと思い込んでいます。何かあったときの自分の反応についての先入観が強くあるのです。

それは予期不安といわれるものです。赤面恐怖症のような人は、失敗するのではないかと絶えず予期不安に悩んでいます。心理的に過去にとらわれていて、良くなるという期待感がありません。常に過去を再体験しています。体は今でも心は過去に置き去りにしています。

解決策としては、感情の再構成が必要です。記憶に凍結された恐怖感を壊すことです。

人間嫌いで恩着せがましく、深刻な劣等感を持つ親などに育てられると、その結果、子供は相手に利益を与えなければ、自分は誰ともつき合ってもらえないと思い込んでいきます。自分は嫌われているという先入観に苦しめられるのです。

そうした予期不安は、正しく自分を知ることの妨げになっています。

神経症的傾向の強い人に育てられていると、大人になって低い自己評価になり、自分は蔑視されているのではないかという妄想も始まります。

養育者が人間嫌いだと、育てられた子供は、自分は嫌われていると思ってしまうでしょう。するとありのままの自分が許されない気持ちになり、ますます、卑屈になってしまいます。

深刻な劣等感を持つ親は、自分の人生を活性化するために子供や他人に絡みます。

こういう人は2つの異なる態度に表れます。一つは燃え尽き症候群のように必死で間違った方向の努力をする人。もう一つは努力をしない怠け者です。

そうした人に育てられると、自分の意志をはっきりと伝えられない人になってしまいます。小さいころから親から、自分は人に迷惑になる人間であることを学習しているのです。些細なことでも相手の迷惑になると思い込み、自分の気持ちを伝えるのが怖くなってしまうのです。

周囲から見れば、コミュニケーション能力のない人になり、人生のトラブルを多く抱えるタイプです。人は誰でも病気などで医師の世話になりますが、医師にかかることすら恐縮します。

なぜか？　それは恩に着せられて育っているから。恩着せがましい親に育てられているからなのです。

## 他者の評価に頼って生きる人

他者の評価に頼って生きている人がいます。

「自分の現実の姿が相手に対してあまり価値をもち得ぬことを恐れれば恐れるほど、自分と相手との関係自体のもつ価値を相手に売り込もうとしているようにみえる。」

という考察があります。（注6）

つまり相手に低く評価されることを恐れるあまり、相手に自分の重要性を印象づけようとします。他人から高く評価されなければいけないと思い込んでいるから、その人が親であれば、子供に自分を高く評価することを要求します。それは高く評価してほしいという「want」でなく高評価を強いる「must」なのです。

そんな恩着せがましい親に育てられれば、子供は心の底では「私は許されない存在だ」と感じるに違いありません。

世界は脅威に満ちているとアメリカの心理学者ゴードン・オルポートは言います。彼は「脅威志向」の強い人に周囲は萎えゆくと言っています。

「脅威志向」の強い人は、大人なっても信じる者がいません。もちろん、客観的に考えれば信じられる人はいるはずです。客観的な事実は、普通の人とそれほど違いはないはずですから。しかし「脅威志向」の強い人は、周りの人を信じられないのです。普通の人なら当然信じていい人を信じることができません。

それは、小さいころに神経の伝達経路が、そのように出来上がってしまっているからです。警報器の設定レベル値が異常に低くなっていると言えるでしょう。

ある女性が以下のような相談をしてきました。

彼女の夫は、就職をして立派な社会人になっていました。夫の両親は教師でした。彼はかつて高校入試に失敗しており、全ての自信を失った経緯がありました。彼が成長した家では、それだけ入試が重要な位置を占めていました。彼はそういう人間関係の中で成長したのです。

姑は「あの子の気持ちは、あの子より私の方がよく知っているの」「あの子のことは何でも私に話してね」「あの子はあなたに差し上げます」などと嫁に伝えていました。

女性は言いました。「姑はいつも、主人の写真を持ち歩いていて、私に見せてくれるんです」。もちろんこの「主人」というのは息子のことです。そして、口癖のように「私の気持ちをわかってね」「私たちはどうなってもよいの、あなたたちさえ幸福になってくれれば」と繰り返すのだそうです。

「私は困っている人たちを見ると放っておけないの」と言って、身障者の方たちから品物を買ってくるそうです。

家の中にはちり一つなく、時に高価な贈り物をくれる。困って返そうとすると、「あなたたちの喜ぶ顔が見たいの、それが私の喜びだから」と押し返す。「どうか受け取って、どうぞわたしのために」と猫なで声を出すそうです。

しかし姑のいないところで食事をしたり、嬉しそうに笑っていたりすると姑は不機嫌になります。

そして相談者の女性は「なぜかこの家にいるとご飯が喉に詰まる」と言います。

なぜこの人は「ご飯が喉に詰まる」のでしょうか？

「恩着せがましさ」というのは実は「受け身的攻撃性」だからなのです。それは隠された攻撃性と言ってもよいでしょう。恩着せがましいことと攻撃性の関係を理解できないと、恩着せがましいことで受ける深刻な影響については、なかなか理解できないことでしょう。

はっきり言いましょう。恩着せがましい親は子供を攻撃しています。

姑は自分の不幸な生い立ちを延々と話し、心の傷までぺらぺらと話します。これは普通に考えれば不思議です。普通は不幸な生い立ちを、自分から進んで話しません。

しかし彼女は不幸を売り物にしています。不幸な身の上話は、一種の攻撃性であり、賄賂のようなものでもあります。

これだけあなたに尽くしたのだから、「私にこれだけのことをしてね」という賄略なのです。不幸な身の上話を聞けば、後から請求書が来ると思っても間違いではありません。

自分の方から「あれをしてほしい、これがしたい」と言ったことはないのですが、その実、この姑は息子に、従順で弱い自分に同情することを要求しているのです。この姑は、自分の不幸な生い立ちを延々と話すことで、嫁を攻撃しています。惨めさを売って攻撃することもあるのです。

怒りは「惨めさの誇示」に変装します。この姑は、「恩着せがましいこと」と「惨めさの誇示」の、2つの変装した攻撃性で嫁を攻撃しているのです。

## 不快な悪口を言う人

「自分は非利己主義の無欲の人である」と言う女性がいました。この人は、フロムの言う神経症的非利己主義でした。神経症的非利己主義は、人の悪口を言います。人のあら探しをして、平気で人を傷つけることを言います。

しかもこの症状の悪口は質が悪いのです。

「あの人がお手洗いを使うと、とても臭うんですって」というような、人を不愉快にさせる悪口を言います。

悪口を言っている間に、自分のするべきことをしていればよいと思うのですが、とにかく人を不愉快にさせる悪口を言い放ちます。

それは、人が立派な人であることが許せないという敵意と同時に、人の立派さが、自分の価値を貶めると感じるからです。ネット上にいろいろと悪口を書いている人がこの種の人です。

人を貶めることで、自分の心を癒やす。まさに報われない努力です。そのような悪口をどれだけ言っても、自己肯定感は上がりません。

悪口を言っている瞬間は、心の傷は癒やされるかもしれませんが、その結果として心の力を失い、人生は行き詰まっていきます。どんどん心の矛盾は深刻になっていくのです。

そしていつの間にか質の良い人が周りにいなくなっています。悪口集団に入り、皆で人の悪口を言っているだけになってしまい、成長欲求は衰えていくばかりです。

# 代償を求めすぎる人

イソップ物語にある『旅人とスズカケの木』という話をご存じでしょうか。

二人の旅人が夏の真昼に、暑さに弱り果てて歩いていました。そのとき、スズカケの木を見かけたので、その陰に逃げ込みました。そして横になって休んだ。二人はそこでスズカケの木を見上げて、次のように言いました。

「この木には実がならない。人間の役には立たない木だ」

私たちは日常生活で往々にしてこのスズカケの木陰が与えてくれているものに気がつきません。それに対する感謝を忘れてしまうのです。そしてそれを忘れたために一生を台無しにする人が多いことも事実です。

子供はスズカケの木と同じで「役に立ちません」。

そこでつい母親は「お母さんは、あなたのためにこうして毎日食事を作っているのよ」と恩着せがましくなってしまう。子供に対してさまざまな要求も出てきます。

子供は実がならない木かもしれませんが、木陰を作ってくれているということに母親は気がつかないのです。

本来は「この子が可愛いと思うから私が食事を作っているのだ」と思うのが親です。そう思えれば、子供の方は自然に「ありがとう」という気持ちにもなります。しかし母親が「あなたのため、あなたのため」と自分の行為を売り込むから逆に子供は不愉快になる。つまりその子供は隠された攻撃性にさらされています。そのことによって「お互いに理由がわからないままに」親子関係が駄目になる場合が多いことも知っておきましょう。

例えば、犬に餌を与えるときと、人間に何かを与えるときの違いを考えれば理解できるのではないでしょうか。

犬に与えるときには人は無心に与えます。

「おまえにこの食べ物をあげるのに、私がどれだけ苦労をしているか、おまえは知っているか」とくどくど言いながら犬に餌を与えているのを私は見たことがありません。しかし人間に与えるときには恩着せがましく与えることが多いのです。あるいは隠された打算があることもあります。人間に与えるときには、相手に何かを求めていることが往々にしてあります。

おそらく犬に与えるときのように人間が無心になれれば、裏切り行為も少なくなるのではないでしょうか。

美しい小鳥は見ているだけで心が癒やされます。しかし小鳥は自分がいかに大きなことを人にしているかには気がついていません。おそらく人間関係でも同じことではないかと私は考えます。

恩着せがましい人は相手に何も与えず、実は相手から奪っているのです。本当に素晴らしいものを与えている人は与えているということに気がついていません。それが幸せな人ではないでしょうか。幸せな人は周囲に癒やしを与えているのです。

劣等感の強い人が「世界を救いたい」などと大袈裟なことを言うのは、「世界を犠牲にして自分が幸せになりたい」と言うことと同じなのです。

人は満足していれば、「これは良いことだから、あなたもしなければいけない」などと干渉することはありません。黙って、自然と人に親切にします。

デヴィッド・シーベリーが「自分自身でありえないなら、悪魔になった方がましだ」と言っていますが、これは人間存在の矛盾を知り尽くした言葉です。(注7)

「自分自身でありえない人」は、善人の仮面をかぶって悪を働きます。それなら悪魔の顔をした悪魔の方がまだましです。

「自分自身でありえない人」は、孤独という無意識の苦しみから逃れようとして、人に関わろうとするのです。そして自分の心を癒やすために相手を支配しようとします。

ロロ・メイは、仲間に対する最大の使命は、自分自身であることと言っています。

## 努力が報われないとき

努力しても努力しても、うまくいかないときには、努力の動機を反省することが大切です。

何かが間違っているのです。

相手に好かれようと頑張るのですが、相手から期待した好意が返ってこないので、敵意が生じます。その敵意を抑圧するから、いよいよ自分が自分を理解できなくなってくるのです。そして自分を偽るようになります。

誰かに、何かに尽くす動機は、依存心と不安のことが多くあります。尽くすことで相手を縛ろう、何か良い見返りを得ようとするから関係は複雑になり、もめ事も発生します。

不安という感情が動機で尽くせば、「人間関係依存症」になってしまいます。つまり相手を嫌いだけれども、相手にしがみつくことになるのです。それは心理的には「神経症的愛情欲求」ということになります。

孤独だから関係を作ろうとして、そこで相手と親しいという幻想を持とうとするのです。

解決法としては、まず、自分が現実と思っていることは幻想に過ぎないことに気がつくことです。

「こんなにまでしてあげているのに、あの態度はないだろう」と相手を恨んではいけません。

カレン・ホルナイが神経症者の努力と心理的健康な人の努力の違いの一つとして幻想と真実ということを述べています。（注8）

シーベリーは述べています。「〝私は……したい〟と言う言葉は、内に魔法を秘めています」と。（注9）

「生きていく者があえて自分であろうとするとき、奇跡が起こるのです。」（注10）

「自分が何をしなければならないか、これだけがわたしにとって重要である。」（注11）

他人を巻き込んで、自分の人生を活性化しようとする人は、まさにシーベリーが指摘している通りです。「あえて自分であろうとする」という心の姿勢がまったくありません。

ずるい人、卑怯な人は、弱い人を狙います。こうした「良い人」を獲物にして、心を癒やし、行き詰まった自分の人生を乗り越えようとするのです。

## 「良い人」になりたい気持ち

いじめで自殺した子供が「私をいじめた人を悪く思わないで下さい」と言い残したということが新聞に出ていて、それをある教育評論家が「子供の心に宿る神」と、驚くような発言をしていました。果たしてそうでしょうか。

その子供は、そこまで人によく思われたい、ということだったのです。完全に自己喪失。完全な自我の崩壊です。

人を巻き込んで、自分の人生を活性化しようとする人は、自己執着が強いと言えます。相手への関心はまったく欠如しています。

心理的に触れ合っていない関係だから誤解が多くあります。相手が喜ぶと思い、相手を褒めたたえて嫌がられるなどという事態もあります。

相手への関心があれば、相手が何を嫌がるか、何を喜ぶかがわかるはずです。ありがた迷惑なことはしません。

子供に買ってほしくないものを買ってきて、「買ってやった」と思う母親がたくさんいます。行きたくないところに家族を連れていって「あげる」父親もいます。自分が行きたいところに行って、心の底で家族に感謝を要求しているのです。そして「俺ほど良い父親はいないない」と言う。家族がそう思うことを強要します。良い父親と思われることが自己疎外された父親にとって重要なのです。

小鳥が寒そうだと言って、お湯を飲ませて小鳥を殺した人がいます。相手を喜ばせることができるのは、こちらが相手の性格を理解しているときに限ります。

ありがた迷惑なことをして、相手に絡む人は、相手が自分から分離した別の固有の存在であることに鈍感です。

相手への関心が欠如していれば、尽くせば尽くすだけ不愉快に思われることもあります。相手への関心が欠如していながら「こんなことまでしてあげているのに」

と思い、さらに不愉快に思われているだけなのです。

成績が悪いことを親に言える子供は、心理的に成長していくことができます。母親が子供を見て「元気でよかった」と思うことは、相手の幸せを喜ぶことです。

しかし、事態はそれほど単純ではありません。

相手にわずかでも敵意を持っていれば、相手の幸せを願うことはできません。

「あなたに幸せになってほしいの」というお節介は、不誠実な人、不幸な人、不安な人の言葉であり、「情緒的未成熟な人」は、関わり合いの中で相手の居心地をよくすることができません。

その人たちは、自分が、人がどう思うかということが大切で、人の幸せになることをしたいなどと思っていません。その心理的余裕がないのです。

とにかく自分のことで精一杯で、子供のためになることをしようなどと願う心理的ゆとりがありません。もちろん無意識での話です。意識の領域では「子供のためになる」と信じています。

この親は、子供が傷つくことに鈍感で、自分の価値を守ることに注意がいっています。

自分から良い父親になろうとするのではなく、子供に良い父親と思ってもらおうとする。世間から「良い父親」と思ってもらおうとしています。

そこで依存症的な関係になります。つまり本心では子供は嫌いだけれども、離れることはできないのです。

## 自分の人生を活性化するために巻き込む人

励ましの言葉として「頑張れ、君ならできる」と言うことがあります。

しかし互いの間に信頼関係がないのに、この言葉を使えば、それは相手にとってプレッシャーになるだけです。

言っている側は、自分の人生が行き詰まり、相手の人生を巻き込んで活性化しようとしているだけなのです。

励ましの言葉は、お互いの間に信頼関係があって初めて機能します。親子の関わりがきちんとできていれば、成績が悪いときに、それを話し合うこともできるはずなのです。そして子供は、自分の成績が悪いことも認めるから、自信のある大人に成長していくことができます。これはアメリカの社会学者ギルマルチンが書いた

『シャイマン・シンドローム』という著作が参考になります。(注12)

ギルマルチンが主張するのは、子供には成績の悪いことを話し合える居心地の良さが必要であるということです。成績の悪いことを言えることが幸せなのだ、と。父母と心理的な関わりが少ない子供には、成績が悪いことは辛い。同じ成績が悪い場合でも、心理的安全が確保されている場合とそうでない場合は、まったく違って感じられるのです。

親の重要な仕事は子供に困難の乗り越え方を教えることでしょう。困難に対処できたときに、子供は自信をつけます。

アメリカの店に、よくいろいろな詩を書いた綺麗な紙が売られています。短い文章がたくさん並んでいます。その一つに「as I grow」という題のついた大きな紙がありました。

それは親に向かって「どうか、○○をしてください」と始まる、子供の気持ちを書いた詩でした。

全体の趣旨をまとめるとすると、ちょうどこの節のテーマでもある、「助けてください、あなたの人生を活性化するために私を巻き込まないでください」というものでした。

その中に次のような文章があって興味を惹かれました。

「助けてください、私自身の興味と能力と可能性が花開くように。あなたが期待する人間になるのではなく、私がなりたい人間になるために。

どうか、自分を持ってください、そしてあなた自身の幸せを築いてください。そうしたら私に同じことを教えてくれます。そして私は同じように幸せになり、立派で、心豊かな人生を送れるでしょう」

望むことを抽象的にではなく、具体的に言える子供は最も幸せな子供です。

子供自身にとって大切なことは自分が何をしたいかをできるだけ早く具体的に知ることなのです。

自分の好きなことを見つけることができれば、他人の人生を巻き込む必要がなくなります。

「私がなりたい人間」というのがはっきりとしている子供は人生最大の危機を乗り越えたと言ってもいいでしょう。そうなるように努力することが賢明です。若いころからつまずいてしまう人は、このことができていないことが多いのです。

しかし、好きなことと、憧れを語ることは違います。

例えば「外国で勉強をしたい」「平和のために尽くしたい」と、抽象的なことしか言えない子供はまだまだ心理的に危険な領域にいます。

抽象的な夢を語る子供は単に賞賛を求めているにしか過ぎない場合が多く、「そうしたい」という気持ちを語るだけで具体的な努力がともなわないことがしばしばです。だから「自分自身の興味と能力」がわからないのです。

具体的に好きなことを見つけるということはその夢を実現するために頑張れるということです。毎日の生活がその目的に向かって整えられるということです。

ですから、夢が具体的な子供は、口で「こうしたい」と言っているだけではなく、生活の仕方が変わってきます。

好きなことのある人は結果を求めずとも努力を続けられます。

例えば「外国で勉強をしたい」と言っていた子でも、具体的に外国の高校でも大学でも願書を取り寄せだし、応募をしだし、早起きになり語学の勉強を始め、安易な生活が改まってくることもあります。

「したい、したい」と言いつつ、毎日の生活が具体的に変わらない場合は「私がなりたい人間」というのがはっきりとしている子供になれていません。

このような子供を見ていると、親は「こんなに励ましているのに」と不満になってきます。子供により厳しくなります。

子供はいよいよ無気力になり、親はますます不満になる、そんな落とし穴もあります。

そんな親から「テレフォン人生相談」に電話が来ることがよくあります。話を聞くと、相談者は、子供の興味と能力と可能性が花開くように励ましていません。「もっと頑張れ、もっと頑張れ」と励ますことを愛と錯覚しています。

そして「中学校のときには成績が良かったのに」と不満をたたえています。

このように多くの大人が励まし方を間違えています。中でも最も間違った励まし方は「あの子にだけは負けないで」という言葉です。

このような励まし方はうつ病者を生み出しやすい家族の特徴となる、競争心をいたずらに煽る言葉と言えます。

# 頑張れ、と言うこと

「頑張ることは良いこと」という規範意識があります。

「動物を殺してはいけません」と教えるのと同じレベルで「頑張れ！」と言っている。

「頑張れ」も「動物を殺してはいけません」も、ともに観念です。

だから時に子供は「頑張れ！」と言われると心が重くなります。また励ましの言葉が機能するためには「お互いに親しい」という条件が必要です。その関係を無視して励ませば、子供は励ましてくれる人が怖くなる場合もしばしばです。

情緒的に未成熟な人の「頑張れ！」は、決して思いやりの言葉とは言えません。

「頑張れ！」は、基本、自分が自分に言う言葉です。

長いことよく頑張って何かを達成した人に「よく頑張ったね」と言うときに、初めてそれは最高のエールになるのです。

今書いてきたように励ましがマイナスの効果を持ってしまう場合がある。

「頑張れ！」とか「やればできるのよ」とかがかえってプレッシャーになることがある。プレッシャーをかける母親は、自分の心の葛藤に気がついていないのです。

自分の思うようにいかない子供に、苛立っている母親が「頑張ればなんとかなるのよ」と子供を励ますことがある。

そういう親は「頑張れ！」と言うことで、実は子供の才能を潰していることに気がついていません。

こういう励ましは、自分の人生が行き詰まっているときに発せられてしまいます。自分の人生が行き詰まっているときに、子供の人生を巻き込むことで、自分の人生を活性化しようとします。しかし、この試みは失敗に終わることでしょう。

困難を乗り越えられない弱い人には弱い人になる原因があります。

自分の人生をことさら困難に満ちていると思っている人もいます。

自分の人生は困難に満ちていると思っている人全てが、人より多くの困難を持っているわけではありません。

また自分はことさら不運だと考えている人もいますが、周囲の人から見れば、必ずしも不運というわけではないのです。

しかし、そう考えてしまうにはそうなる理由がちゃんとあります。だから「この今の自分」から出発することです。

辛いとき、「この今の自分」に立ち戻り出発することです。自分を知ろうとせず、まるで違う場所から出発すれば、辛さをともなない、人格が損なわれていくでしょう。

自分自身になろうとするものは困難で玉になり、自分自身であろうとしないものは困難で心が損なわれます。

## 子供を健全に励ます方法

学校でも塾でも寝ている子供は、往々にして、夜は眠れないと言います。

先生は「字だけ書いてみようね、寝ないでいようね」と励まします。その先生に励まされ、1週間だけは寝なかったようでした。そしてその子は問題を少しずつ解きだしました。問題ができなくても、解き方を説明しだすと、解きだすのです。

先生は「何とか解こうとする力って凄いね」と励ましました。ここが大切なところです。「問題を解こう」とする熱意をまずは認めることです。共同体感情のある先生にはそれができます。

子供に非現実的なほど高い期待をかける親は、この熱意を認めません。この熱意を喜ばないのです。

この解こうとする熱意を喜ぶことができれば、子供は伸びます。

「来週、おいしい料理を作っておくからね」と塾の先生は必死で励まし続けました。

その子は何とか「解こう」として、問題を皆に説明するようになりました。すると、少しずつ問題が解けるようになってきます。

そこで塾の先生は「先週寝なかったね、今週寝なかったら、次の問題に進めるからね」と励まします。

そして「4週も寝なかったじゃない」と励まし続けました。さらに「君の力って、あるんだよ」と、ことあるごとに励ましました。この励ましで、落胆している子は自分の力に気がつくのです。

素直になれない子供でも励まし方ひとつでやる気になります。

子供は成長するために励まし続けられることを必要としています。励まされているときに自分の価値を感じます。自分の力に気づくのです。

基本的不安感を持っている人は、信じられる人がいないことがあります。

それは励ましてくれる人がいないということです。その結果、神経症的要求を持つようになりました。つまり非現実的な要求を持ち、それにふさわしい努力をまったくしないのです。

励まされて生きてきていないと、共同体感情が育ちません。つまり心が誰ともつながっていないことになります。

小さいころ、失敗したときに親がため息をついて過剰な反応をしたことはないでしょうか。例えば、おねしょをして嘆かれ、惨めな気持ちを味わったことは？

そういう気持ちを味わった人と、「お母さんなんか、もっとおねしょをしていたわよ」と言う母親の子供とでは失敗に対する恐怖感が異なります。

子供は緊張するとなおさらお漏らしをします。新米の親は、対応する術を知らなくて「なぜ、そうしたの？」と言ってしまいます。子供の成績が悪いときも同じです。「なぜ」と責めるのは、親が今の現実に対応できないときなのです。

親の過剰な反応は、親の不満の間接的表現です。子供は親の不満のはけ口となります。それは、先述したように、自分の人生が行き詰まって、他人を巻き込んで人生を活性化しようとしているときという証拠かもしれません。

そこに注意して、失敗は受け入れてあげるよう心がけましょう。

## 我慢を認めること

我慢を認めてくれない悔しさで、子供の感情が爆発して大泣きすることがあります。

泣くことでマイナスの感情を吐き出している子は、自然と優しい子になります。マズローは「防衛の尊重」という言葉を使っています。子供の心の傷を癒やしてあげることで、子供は前進できるようになるからです。

しかし、爆発することをせず、何かにしがみついている子供は、成長できない理由があります。そのことを理解してあげることで子供は心理的に成長できるのです。泣くことを我慢した子の方が、感情が吐けていないから素直になれません。すねて、頑固になります。

しかし、泣いても、泣いても、周囲の人が気持ちをわかってくれない。子供は泣くのをやめる。そのときには無力感が心の中に広がります。

自分の訴えは何の効果もない。努力しても意味がないと思うから努力をしなくなる。

それが、大人になって最終的にノイローゼになるような「良い子」です。

大人であれ、子供であれ、マイナスの感情を吐き出させることは前に進むために必要なことなのです。

奇声を発するにしろ、泣くにしろ、マイナスの感情を出させれば、子供は心理的に安定します。

マイナスの感情を吐き出せない「良い子」は、前向きになれないままに、せっかくの才能を潰してしまうことになりかねません。

「彼のおそれが丁寧に受け容れられた場合にのみ彼は大胆になることができる。黒い力も成長の力と同じように『正常』であることを知らねばならない」とマズローは言っています。（注13）

感情が素直に出せる子に育てれば大人になってノイローゼになることは少ないのです。ただし、泣くことでメリットを得ようとしているときには泣くことは許されないのだと知らせるべきでしょう。

子供がすることを認めなければ、子供が意欲的になることはない。子供は認められることで達成感を持ち、それが意欲につながります。

子供を意欲的にするのに大切なのは、「やった努力を認めてあげる」こと。結果ではありません。

シカゴのアドラー研究所の所長であり、子育ての研究家であるルドルフ・ドライクルスは、子供は励ましなしに所属感を得ることはないと書いています。
これはとても重要な指摘です。劣等感とは所属感の欠如だからです。
励まされて育った子は深刻な劣等感を持ちません。そして家に対して帰属意識を持ちます。

恩着せがましい親などに、脅されるように育った子は深刻な劣等感を持ちます。家に対する帰属意識はありません。

自分の家なのに心理的には自分の部屋がない子が多い。家に自分のエリアがないのです。つまり、自分の居場所がありません。

これは別に具体的な部屋を言っているのではありません。自分の居場所、エリアがない子供は、その家の子供なのに、心理的には居候の子供の存在と似ています。子供は下宿代を払っていない下宿人のように居心地が悪いのです。

泣くという行為は、前に進むためには効果的です。子供のころ「良い子」で、のちにノイローゼになる人は、それが幼児期になかったせいもあります。泣くということは心理的には退行です。でも、子供は退行を許すことでさらにその先に成長できるのです。

自分の人生が行き詰まっている親は、子供が「後退することを認めてやる」ことができません。それだけの心理的ゆとりがありません。

## 身近な人のせいにして自分を偽る人

50代の女性からの相談を受けたことがありました。

悩みは息子のことでした。ある日突然、「大学をやめたい」「大学で話す人もいない。夢もない。楽しいこともない」と言い始めたそうです。

母親は「この息子に手をかけすぎた。玩具をかたづけるときも、彼にやらせずに自分がかたづけていたんですよ」と言いました。

この現象の陰には隠れた本質があります。それは、「相談者が、したいことをしていただけ」ということです。するべきことをせずに、したいことだけをしていたのです。そのことに相談者は気がついていません。

相談者は、夫と口をきく気がせず、離婚を考えた時期がありました。また、彼女はこうも言います。「私は人と接することが苦手で、緊張してしまうんです」と。

ありのままの自分では他人に受け入れてもらえないと思っていて、拒絶されることを恐れている人でした。

相談者は、普段、一人でできる仕事をしていて、人と接することが苦手で、子供ともどのように接していいかわからないのです。

子供が母親に「受け止めてくれるだけでいい」と言っても、肝心の彼女が、自分が自分を受け入れていないことがわかります。近所付き合いもままなりません。「私もわがままなんで」という自覚もあります。

ひとつ言えることは、この相談者の相談には、事実がないということなんです。息子が「お母さん、苦しいよ」と言ってきているわけではありません。「息子は友達が少ない」と言いますが、それは相談者の価値観で話しているだけです。

公園でこの相談者と話しました。息子さんもいました。見ていてわかったのは、母親に怯えがあることでした。「やっぱり息子はダメだった」という母親独自の解釈がそこにはあるのです。

友達がいることで、息子自身が安心するのではなく、この母親の方が安心します。自分の不安を息子の友達関係に外化しています。息子の姿はどこにも見えていないのです。そしてこの母親の心の核に怒りが潜んでいます。

この相談者は不幸を蒔いていると言えます。そして話し方も逃げ出したいくらい怖いのです。周りの人はこの母親の無意識に反応しているのではないでしょうか。自分を騙している人とも言えます。やりたいことをするのはよいのですが、自分が「やりたい」と言ってしていません。周りのせいにして自分のしたいことをしています。傷を負いたくない弱い人であり、それを隠そうとしています。

この人の悩みを解決するには、「自分の本当の姿を出せ」というアドバイスをしたいと思います。「自分」を出せば、周りの人とのギャップは消えていくはずです。息子さんに友達がいないかどうかは母親には関係ありません。もっと言えばいなくてもいいのです。大切なのは息子の本当の心が見えているかどうかです。

この女性は怯えることで人を操作してきました。人間関係で疲れる人は、人を操作している人です。

## 自分が嫌いで娘が嫌いな母親

30代の女性の相談を受けたことがあります。小学生の娘が二人いるのですが、下の娘は可愛くてしょうがなく、長女を可愛いと思えないという悩みでした。

相談者は、この長女は3歳まではお姑さんに似ていて、今は「自分」にそっくりだと言います。

協調性がなく人を煩わせ、クラスで嫌われているとも言います。

問題なのは、この相談者の母親の方だとすぐにわかりました。小さいころから人との付き合いが怖かったと言います。今も学校や地域、親戚の付き合いがしんどく、会う前に緊張して疲れ、会っている間にも疲れ、その後で「やっぱりダメだった」と三度疲れるような、軽い対人恐怖症を患っています。けれども、いろいろな場所で立派な母親、良い妻を演じてきていて、それがきついのです。心の中には恐怖感と虚しさが渦巻いています。夫からも「ダメ」と言われ、吐き気と頭痛に悩まされ、なかなか外に出られなくなってしまったと言います。

この相談者はどんな子供時代を過ごしたのか、聞いてみました。

「ギャンブル依存症」の父親はいつも怒っていて、彼女がいつも責められていたそうです。悪いことをしていないのに責められ、被責妄想になりました。

一方、母親は話しかけても反応がない人で、小さいころいつも母親を心配していたそうです。父は母に暴力を振るうこともありました。

兄弟も仲は良くありませんでした。父と兄、弟の関係も悪く、「お前は高校に行かせない」「お前とは口をきかない」などの暴言を吐き、父親と兄弟は今でも口をきいていないと言います。弟はいつの間にか無表情になってしまったと言います。

しかしもっとよく聞くと、この過程を操作しているのは、相談者の母親なのでした。お母さんが絶対してはいけないいじわるをしていたのです。弟の部屋に行って、「なんでそんなにイライラしているの？」と言い、「お父さんにこういった方がいいわよ」といらぬアドバイスをします。さらに怒りの炎が立つよう、トラブルの種を蒔くのでした。

お母さんが何もしなければ、家族全体はもっとうまくいっていたでしょう。お母さんがトラブルを作り、他の家族の関係を悪化させることで自分の居場所を作ったのです。

万が一仲良くなってしまったら、この母親は居場所がなくなります。

「私はなぜ、こうして息子や夫にささやくのか？」

「いじわるはどうして生まれるのか？」

母親がこのように自分に問いかければ解決の道は開けたはずなのです。そして、解決法はとてもシンプルで、息子たちと父親を放っておけばよかったのです。自分の人生を活性化するために、人の人生を利用しなければよいのです。

そんな家庭の中で相談者は、「良い子」と思われようとしていました。親が自分を自慢に思うような目立つことが重要でした。「凄い」と言われることをする。何かすることで気に入られたいと思っていたのです。

しかし、ずっと自分が自分であることで認めてもらっていませんでした。だから今も、子供にも夫にも、何かをすることで愛されようとしています。

小さいころから報酬としての愛しか体験していないこの相談者は、ずっと人を通して自分の人生を生きてきたのでした。

自分の人生を活性化する方法は、人に絡むことしかなくなっているのです。

この相談者の話を聞いてとても落ち着かない気持ちでした。やがて、相談者が病気になって入院しました。相談者の心の中に、怒りや憎しみや不満があり、ほとんど生きるエネルギーがないことがわかりました。人は相手の無意識に反応するものです。

このケースの場合も、悩みの解決は「自分の本当の姿を出せ」ということです。

前の症例で述べたように、シーベリーの、「自分自身でありえないなら、悪魔になった方がましだ」です。(注14)

繰り返しになりますが、ロロ・メイは、仲間に対する最大の使命は、自分自身であることと言っています。

人間は神でもあり、悪魔でもあります。

自分自身でない生き方をしている人は、神の顔をして悪魔の真似をします。

自分自身で生きられないで、人間として本質的に不満な人は、「あなたのため」と言いながら、相手を束縛します。

執着を愛と言い張る人もいます。

自分自身として生きることを放棄した人は、神の仮面をかぶって悪魔になります。

自分自身であることを喜べる。そうすれば自分の心の居場所が見つかります。

自己疎外された人は、自分が自己疎外されていることに気がつきません。

今の感情が自分の感情でないと気がついていません。それに気がつけば幸せになれるはずなのです。

注1：『Toward A Psychology Of Being』Abraham H. Maslow,D.Van Nastrnd Co. Inc.1962 『完全なる人間』上田吉一訳、誠信書房、80頁

注2：１９９７年３月26日、宗教団体ヘヴンズ・ゲートの39人の信者がカリフォルニア州サンディエゴに隣接するランチョ・サンタフェで集団自殺を遂げた事件。

注3：『Meaning of Anxiety』Rollo May 『不安の人間学』小野泰博訳、誠信書房、２４１頁

注4：『The Unknown Karen Horney』,Edited by Bernard J. Paris, Yale University Press,2000,p.127

注5：『The Unknown Karen Horney』,Edited by Bernard J. Paris, Yale University Press,2000,p.126

注6：［精神分裂病者の自我に関する一考察］［吉松和哉、分裂病の精神病理四巻、東京大学出版会］

注7：『How to Worry Successfully』David Seabury,Blue Ribbon Books,New York, 1936 『心の悩みがとれる』加藤諦三訳、三笠書房、１５２頁－１５４頁

注8：『Neurosis and Human Growth』Karen Horney,W.W.NORTON & COMPANY, 1950. p.39

注9：『How to Worry Successfully』David Seabury,Blue Ribbon Books,New York, 1936 『心の悩みがとれる』加藤諦三訳、三笠書房、１５１頁

注10：注9同書１４６頁

注11：注9同書１４８頁

注12：『The Shy-Man Syndrome』Brian G. Gilmartin,Madison Books. 1989

注13：『Toward A Psychology Of Being』Abraham H. Maslow,D.Van Nastrnd Co. Inc.1962 『完全なる人間』上田吉一訳、誠信書房、84頁

注14：『How to Worry Successfully』David Seabury,Blue Ribbon Books,New York, 1936 『心の悩みがと

れる』加藤諦三訳、三笠書房、152頁－154頁

# あとがき

嫌なことがあるときには、「まさか」と思えることを書きます。「こんなことがあるわけない」と思えることも綴ってみます。

案外それが本当の自分であることがあるのです。自分でない自分を「本来の自分」と意識しているから、今が理由もなく不愉快で嫌なのだから。

抑圧の最も恐ろしい点は「自分の感じ方」を失ってしまうことである。「自分の感じ方」を失うと「自分の考え方」も失う。最後には自分を失ってしまいます。

人々の現在の対人関係には「ゆがみ」があります。つまり今現在付き合っている人とのトラブルの本質は、実はその人との関係の問題ではなく、その人と関係ない幼児期の未解決な問題であるという意味です。

恋人が他の人と親しげに話していたのが面白くない、しかしそれを直接相手に言えない、そこで違ったことで反対する。

例えば約束の時間に5分遅れてきたという些細なことで、執拗に抗議をする。「前の人のときには遅れなかったでしょう」と関係ないことを言い出す。どうしても素直になれない。

表向きの課題の裏に、真の課題があるのです。その真の課題が表向きの話に強力に影響しています。これがゆがみのある対人関係です。

「テレフォン人生相談」に電話をかけてくる相談者には、このような対人関係に悩んでいる人が多くいます。

悩みは、「自分の心が本当は何に動かされているか？」がわかれば解決に向かいます。これは、両者の間に思いやりと信頼が欠けたときに起きてきます。

自分の方から不幸を背負う人は、あっちもこっちもゆがみだらけなのです。どのようなトラブルであっても、それを解決するためには「この問題の本当の核心は何か？」ということをつかまなければなりません。

ことが起きたときには、「この本質は何か？」と考えるでしょう。起きたことは本質ではない。それは現象。現象と本質は違います。

だからことが起きたときには、それが何事であれ「この問題の本質は何か？」と考えることが大切なのです。

それが「テレフォン人生相談」の役目です。

人の心理ほど深く興味あることはありません。

人の感情は変装して表れる。

本質は仮面をかぶって表れる。

そしてこの錯覚が日常生活に与える影響は計り知れないのです。

そして例えば「ひどい目にあった」と被害者意識を強調します。しかし本当は誰かに敵意を持っているのです。それを表面的には表現できない。しかもその怒っている人から愛を求めているのです。

すると自分の被った被害を強調するしかなくなります。

怒りの表現と愛を求める矛盾を同時に行おうとすれば被害の強調とならざるを得ません。ところが被害を強調している人は、隠された真の動機に注意を向けません。

同じ走るでも、何かを追いかけて走っているのと、怖いものから追われて走っているのとではまったく違います。

そういう人は、自分は他者を喜ばすことばかり考えて自己不在であることに気がついていないのです。

不安から努力を重ね、頑張って、頑張って消耗している人がいます。最後は燃え尽きてしまいます。

現象にとらわれないで、「この問題の本質は何か？」と考えて、「動機で成功と失敗は決まる」とわかれば、明るい先が見えてくるはずです。

この「テレフォン人生相談」の本でも、「自分の動機を反省してみよう」ということを書いてきました。

自分では他人のためと思い、必死に何かをしている人がいます。期待した反応が返ってこなくて「こんなにあの人のために頑張っているのに」と不満になることでしょう。しかし相手から見れば、「自分のことばかりしている人」と見えるのです。

「自己執着的対人配慮」には相手への理解はありません。

例えばびっくりするくらい巨大なケーキをおみやげに持っていく人がいます。不釣り合いです。それはただ「凄い」と言われるために買うわけです。

「テレフォン人生相談」の相談者の努力には2つのパターンがあります。

「自発的努力」と「強迫的努力」。

頑張って努力している人でも、自分の利益のために頑張っている人と、人の幸せを願って頑張っている人がいます。

いつも挫折は、自分自身の利益のために、自分が皆から評価されるために頑張っている人が味わうことになります。

自分の隠された真の動機に気がつかないと、努力の仕方を間違えてしまうのです。

裏を返せば、動機に気がつけば、これから行く道は自然と見えてきます。

アメリカの偉大な精神科医デヴィッド・シーベリーは、人間の唯一の義務は「自分自身になることである」と述べています。それ以外に義務はないと言うのです。

自分が何か別のことがあると思い込んでいるだけだ、と。

重要なことは、他人が自分をどう思うかではなく、自分が自分を確認できるかどうかです。自分は「この人生で何をしたいのか？」を理解することです。

悩んでいる人が本質的に不安を解消するためには、今の努力の方向を反対にしなければならないことがしばしばあります。けれどそれをすると、希望が見えてくるのです。

しかし自分で気づいて今の努力の方向を反対にするということは、現実的にはとても難しいことです。だからその機会として「テレフォン人生相談」があるのです。その知恵となるエッセンスをこの本では述べました。

「テレフォン人生相談」には、離婚、結婚というはっきりとした法律問題を相談する人はいません。さらに夫婦関係の対立の具体的な事柄がはっきりしている相談も見受けられません。

法律的には結婚しているが、情緒的には離婚状態。外側から見ると夫婦ともに努力もしていてどちらも悪い人ではない。そんな相談が多いのです。

例えば、ご主人が定年を迎えた奥さんからの相談。好きなことをしながら気ままに暮らしているように見えて、定年後家にいる夫が煩わしい。「一人の方が気が楽だ」と言います。食事中に、立つのも悪いから、そこに我慢して一緒にいるなど、気を使って疲れてしまうのだそうです。そして一緒にいて、合わせれば合わせるほど、主人を好きでなくなると言います。

どうしてなのでしょうか。それはご主人に気を合わせる動機が不安だからです。二人はもともと心が触れ合っていないのです。自分の気持ちが伝わらなくてお互いにイライラしています。

相談者の奥さんは「主人の話を一方的に聞いていると主人はご機嫌」で、奥さんが友達と遊ぶときにもついてくるそうです。ご主人が後から来るからと思ってドアを開けておくと、ご主人は裏から入ってくるから、すぐに喧嘩になります。これからも仲良くしていきたいが、二人のドアが閉まりかけているのです。

我々は人間関係のトラブルに日々悩まされていますが、「トラブルの核にある本質は何か？」と考えれば、解決の道は見えてきます。

子育てで大切なのは、親の意識ではなく、親の無意識であるとよく言われます。もっと一般的に言えば、人間の幸せにとって大切なのは、その人の意識ではなく、その人の無意識なのです。

結論を言えば、幸せになるためには、無意識を意識化することが必要なのです。だから、相談者の無意識を意識化することが、「テレフォン人生相談」の役目なのです。

この本は、ニッポン放送「テレフォン人生相談」のスタッフと扶桑社のスタッフの皆の協力で出来上がりました。それぞれ違った立場からの協力は極めて情緒的成熟を必要とする。

その長い間の難しい協力に紙面を借りて感謝の意を表したい。

# 『テレフォン人生相談』番組からのご挨拶

ラジオ局ニッポン放送で最も長く続いている長寿番組『テレフォン人生相談』。人生には様々な喜びがあり、同時に苦しみや悩みもあります。人に言えない、誰にも相談できない、悩みや苦しみ。そんなときいくらかお役に立てれば……というのが、この番組です。

1965年1月の放送開始から半世紀以上にわたり、多岐にわたる相談に向き合い、〝世相を写す鏡〟として放送を続けてきました。毎週火曜日と水曜日に電話で悩み相談を受け付け、数多ある相談全てに専門の回答者が応えています。その中から、収録して放送されるのはほんの一部の相談です。

長年にわたり番組制作を支えて頂いている、加藤諦三さんをはじめとするパーソナリティの皆様や回答者の皆様、放送外で日々相談と向き合ってくださっている皆様に、心より感謝申し上げます。

加藤諦三さんは、他者に問題がある前提でどうすればいいかと問う相談者に対し、その人自身の内面にある問題を浮かび上がらせて、相談者が納得するまで回答されています。その過程を経て語られる〝締めの一言〟は、ハッとさせられる言葉が多く、リスナーの皆様にとっても、私達スタッフにとっても、気付きの瞬間となっています。

昨年、新型コロナウイルスの感染拡大で世界中が変化を余儀なくされた際、〝今後起きる心理的崩壊〟を危惧した加藤諦三さんが私達スタッフにおっしゃってくださった言葉「心のマスクを忘れるな」をきっかけとして、こんな時代だからこそ〝心の大切さ〟を伝えたいという想いが高まり、年末特別番組の構想が生まれました。檜原麻希社長や瀬尾伊知郎局長をはじめとして「ニッポン放送が今やるべき番組だ」と背中を押してくれて、無事に放送へと繋がり、今回の本著制作へと至りました。

昨年末の特別番組で、加藤諦三さんは『歴史上難しいのは、正しいことと正しいことの矛盾です。つまり、コロナ感染症問題では議論の視点そのものが間違ってしまう。感染症解決と、景気回復の両立を目的とするということ自体が間違っている。そんな魔法の杖はない。』ということを語られ、更に『問題は、感染拡大防止と経済的危機が叫ばれているものの、心理的危機が急速に促進されていることに気がついていないこと。今後、心理的崩壊という〝つけ〟がくる気がします。』という持論を語り、コロナ禍という国難に挑戦して幸せになるための「心理的成長」の大切さと「望ましい人間関係」を伝えて頂きました。

『〝文明が進んでも不幸にならないこと〟、この人類究極の目標を目指したいのが〝テレフォン人生相談の夢〟です』。特別番組の最後で語られた加藤諦三さんのこの言葉を胸に、究極の夢実現を目指して、今後も真摯に番組制作へ臨んで参ります。日頃からのご愛聴、誠にありがとうございます。

長濵 純（株式会社ニッポン放送／番組プロデューサー）

「テレフォン人生相談」では「悩みをその日のうちに解決する」という基本方針を掲げていますので、相談者が納得するまで時間をかけて向き合っています。

特に心理学がご専門の加藤諦三さんは、相談者が親との関係でどう抑圧されてきたのかという心理を丁寧に聞き出し回答者の先生方につないでくれます。したがって、放送されている相談の中身は僅か14分程度なのですが、加藤諦三さんの場合は相談者が納得するまで回答する訳ですから平均で50分、長い時には1時間半近くも話すことがあるのです。

そんな中で、最も印象的に残っていることがあります。相談者は女性教員で「息子の暴力と引きこもり」の相談だったのですが、自分の望むような答えが返ってこないので怒ってしまいました。「相談して損した、もう先生なんて言わない、こんなバカバカしい話で、この失った時間をどうしてくれる」と怒り、批判と悪口でいつまで経っても電話を切る様子がない状態。

加藤諦三さん曰く「猛烈に相手を批判しながら、しっかりと相手にしがみつく、〝依存的敵対関係〟」でした。依存する対象を批判する。だから批判しながらも離れられない。これも悩んでいる人の人間関係の特徴の一つなんです。何を話しても納得せず電話を切らない相談者。そして、番組の収録時間が1時間を大幅に超えたとき、遂に相談者が「ガチャ！」と電話を切って収録は終わりました。まさしく〝心のマスクが必要〟な状態でした。

そして、この相談を放送した当日。驚きの反響が数多く寄せられました。リスナーの方々が、それぞれの立場で感想を述べられていて、番組を聴いて一緒に考えて下さっているのだと感じられました。

時には番組に厳しいご意見を頂くこともあります。「何故、相談者に対して決めつけて話すのか……」。そんなご意見を頂戴する度に心が痛くて仕方がないのが本音です。加藤諦三さんは、単に決めつけて話しているのではなく、相談者が納得するまで長時間にわたって回答していらっしゃいます。本書を通じて、短い番組の放送時間では伝えきれない、加藤諦三さんの心の解説をお伝え出来ればと思います。

宅野淳（KT19プロデュース合同会社／番組チーフディレクター）

『テレフォン人生相談』番組からのご挨拶

# テレフォン人生相談 ～心のマスクを忘れるな～

企画　長濱純（ニッポン放送）、宅野淳、小寺恵（ニッポン放送）
編集　おおくにあきこ、佐藤弘和（扶桑社）
デザイン　山崎健太郎、小川順子、中野潤（NO DESIGN）
校正・校閲　小出美由紀

発行日　2021年9月22日　初版第1刷発行
2021年12月5日　第4刷発行

著者　加藤諦三
発行者　檜原麻希
発行　株式会社ニッポン放送
〒100-8439　東京都千代田区有楽町1-9-3
発売　株式会社 扶桑社
〒105-8070　東京都港区芝浦1-1-1
浜松町ビルディング
電話　03-6368-8870（編集）
03-6368-8891（郵便室）
www.fusosha.co.jp

印刷・製本　株式会社 加藤文明社


Printed in Japan　ISBN 978-4-594-08943-6
定価はカバーに表示してあります。